财政部"十三五"规划教材
高等师范教育精品教材系列丛书

刘　健　著

当代高校篮球教学理论与实践方法研究

Research on the Theory and
Practice Method of Basketball Teaching in Contemporary Colleges

中国财经出版传媒集团

经济科学出版社
Economic Science Press

图书在版编目（CIP）数据

当代高校篮球教学理论与实践方法研究/刘健著
. --北京：经济科学出版社，2021.11
ISBN 978 - 7 - 5218 - 3173 - 3

Ⅰ.①当… Ⅱ.①刘… Ⅲ.①篮球运动 - 体育教学 -
教学研究 - 高等学校 Ⅳ.①G841.2

中国版本图书馆 CIP 数据核字（2021）第 257076 号

责任编辑：于　源　郑诗南
责任校对：靳玉环
责任印制：范　艳

当代高校篮球教学理论与实践方法研究
刘　健　著
经济科学出版社出版、发行　新华书店经销
社址：北京市海淀区阜成路甲 28 号　邮编：100142
总编部电话：010 - 88191217　发行部电话：010 - 88191522
网址：www. esp. com. cn
电子邮箱：esp@ esp. com. cn
天猫网店：经济科学出版社旗舰店
网址：http://jjkxcbs. tmall. com
北京密兴印刷有限公司印装
710×1000　16 开　12.5 印张　210000 字
2022 年 11 月第 1 版　2022 年 11 月第 1 次印刷
ISBN 978 - 7 - 5218 - 3173 - 3　定价：48.00 元
（图书出现印装问题，本社负责调换。电话：010 - 88191510）
（版权所有　侵权必究　打击盗版　举报热线：010 - 88191661
QQ：2242791300　营销中心电话：010 - 88191537
电子邮箱：dbts@ esp. com. cn）

前　　言

篮球是世界上开展得最广泛的运动项目之一，也是体育爱好者乐于观赏和参与的体育活动之一。在体育院校，篮球是体育教育专业、运动训练专业的重要课程。本书着眼于新时期篮球教学与训练发展的实际需要，基于近年来各类丰富的篮球书籍出版成果，以及不断涌现的先进理论与实践内容，试图从理论、方法与实践上寻求突破，探讨当代高校篮球教学的发展方向，以满足高校体育专业不同类型、不同层次篮球教学与训练活动的需要。

篮球运动源于学校、根植于学校，锻炼与教育价值突出，对于强化大学生身体素质，培养其健康向上的思想具有积极的意义。这也是该项运动在高校蓬勃发展且深受大学生喜爱的主要原因。为了进一步推动高校篮球教学工作的可持续发展，促进篮球教学在人才培养方面发挥积极的作用，特撰写《当代高校篮球教学理论与实践方法研究》一书，以供教学实践与研究。

全书共九章，第一章作为开篇，主要讲解篮球运动的起源与演进，以及特征和作用；第二章主要讲解高校篮球运动教学的基础理论，主要分为篮球教学的任务内容、原则方法和选择模式等；第三章主要是对高校篮球训练的研究；第四章主要讲解高校篮球的技术教学，包括技术原理、进攻教学和防守教学；第五章介绍了高校篮球战术教学；第六章围绕高校篮球运动游戏教学与训练进行讨论；第七章主要讲解高校篮球体能与心理的训练教学；第八章介绍了高校篮球的课程思政教学研究；第九章主要介绍了当代高校篮球教学的考核评价策略。

本书在撰写的过程中，查阅、参考并借鉴了许多国内外学者的研究成果，谨在此表示最诚挚的谢意！由于对当代高校篮球教学理论与实践方法的研究还在探索与求证中，因此书中难免会有疏漏甚至不妥之处，敬请广大读者批评并指正，以便进一步修改和完善。

目　　录

第一章　篮球运动的概述

第一节　篮球运动的起源与演进

一、篮球运动的起源

篮球是一项起源于美国的多人互动性运动，逐渐演化为我们现今所看到的一项竞技类体育运动项目。

篮球的发源地位于美国东部的马萨诸塞州斯普林菲尔德市，由一名基督教学校的体育教师詹姆士·奈史密斯发明。这位教师考虑到当地冬天气候寒冷，为了给学生创造适合冬天开展的体育运动，从当地儿童爬到树上摘桃子然后扔到篮筐中获得灵感，借鉴了当时已有的足球等运动的特点，发明了这种把球扔到篮子里的游戏。一开始，奈史密斯把两个桃篮分别挂在离地面三四米高的栏杆上，然后用足球向篮中投射。每投进一次记为1分，得分多者为胜利方。但这也有一个弊端，就是每投进一次都要去篮子里把球拿出来，由于太高，有时甚至还要借助梯子的帮助。因此，桃篮子逐渐演化为一个铁圈，然后又在铁圈下面挂网。此游戏一经推出立刻受到美国当地人的喜爱，人们称它为"奈史密斯球"。由于该游戏主要目标就是向篮筐里投球，所以人们又称之为"篮球"。之后，篮球的规则制度逐渐完善，逐步发展为我们今天所看到的篮球运动。

篮球之所以如此盛行，根本原因在于它是一项人们喜欢的全民性质的运动。篮球不但可以强身健体、活跃身心，而且富有观赏性、娱乐性、艺术性、趣味性，同时也具有易于开展等特点。

二、篮球运动的演进

篮球运动自诞生以后，最先在美国校园里逐步开展起来。到了19世纪末期，篮球第一次传入墨西哥，并且迅速流行，因此墨西哥成为继美国之后第一个开展篮球运动的国家。此后在1892～1897年，篮球先后传入法国、英国、中国、巴西等国家，篮球运动先后在中美洲、亚洲、欧洲和大洋洲发展起来。现代篮球运动由游戏演进为竞技篮球运动，经历了构思设计—初始尝试—建章完善—推广宣传—立项入世—普及提高—创新发展7个阶段。如果按其活动的方法和规则完善的过程划分，可以划分为以下4个时期。

（一）初创探索时期

1891年，篮球运动诞生。为了使篮球比赛合理进行，1892～1893年，奈史密斯先生对比赛场地做了分3个区域的规定，对场地大小也做了规定。与此同时，他还制定了13条比赛规则，其中最主要的规则就是不允许带球走步，不允许做故意伤害他人的动作，不能用拳头去击球，如有以上行为则被视为犯规。此外还规定：连续出现3次犯规行为之后减1分；把比赛分为上半场和下半场，每个半场都是15分钟；上半场比赛的人数逐渐缩减，从10人到9人最后到7人，而后来又规定参赛双方每次派出5人。这极大地简化了比赛的流程，尤其是篮筐被铁质的篮圈所取代，从此不用爬梯子去取球了。直到1915年，美国才统一了必须执行的比赛规则。此时攻守技术较简单，普遍是双手做几个传、投动作，比赛中主要是以单兵作战为攻守形式，战术配合还在朦胧时期，对篮球场地也有了进一步的完善。

因为篮球运动富有趣味性，所以迅速在美国各类学校中推广，并于1926年开始建立职业篮球联赛。在这一时期，篮球运动也伴随着美国文化的兴起、宗教文化的扩张，通过基督教青年会组织和教师、留学生间的交往，先后向美洲、欧洲、亚洲、澳洲及非洲的多个国家和地区逐渐传播。

（二）完善普及时期

经过20多年的逐步完善，到了20世纪30年代，篮球这项运动开始出现了技术性的玩法，并且出现了一些比较简便的组合技术动作，之后技巧性的打法不断地被发展和创新，以前"单兵作战"的打法逐渐被淘汰，快攻、掩护、突破等战术性打法慢慢发展起来，而防守的重心由个人逐步转移到集体性。人看着人，双侧夹击，混合防守等战术被球员普遍使用。

20 世纪早期，就对篮球的 5 名运动员的进攻和防守做了精确的分工，比如中锋要盯着对方的中锋，后卫要盯着对方的后卫，不同分工的人员要盯着对方相同分工的对手，但一个队伍的前锋不用管防守只管进攻即可；后卫只能管防守不管进攻和投球；中锋要全场跑动负责攻和守。之后又发展出双后卫战术：其中一个起助攻作用，另一个要留守后方；两个前锋也发展为一个留在前方进行快攻，另一个留在后方进行助攻。篮球的技术性招式也有所进步，在跑动投球中开始出现了单手投球和双手投球的区别，传球开始出现了单手击地传球和双手击地传球。运球中则出现了两手交替运球的防守技巧。同时，人们也在比赛的制度中添加了罚球区和罚球线，当运动员出现 4 次犯规行为就会被取消比赛资格；当出现犯规罚球时，队长可以派队伍中的任何一人进行主罚。比赛上半场和下半场时长均为 20 分钟，中场休息 10 分钟。在每次投中或者罚球罚中之后，都要在中圈进行跳球，重新开始比赛。

为了推动全世界篮球运动的发展和普及，20 世纪 30 年代，在瑞士的日内瓦，由葡萄牙、罗马尼亚、瑞士等 8 个国家成立了"国家业余篮球联合会"。联合会以美国大学生篮球竞赛规则为基础，初步制定了国际统一的 13 条比赛规则，明确规定了上场参赛的人数和时间，进一步划分了比赛场地的不同区域，进一步规范了篮球场地和设备标准。比赛场地有了禁区、罚球区并完成了罚球区由门字形到梯形的变革。同时，攻守技术动作增多，开始出现基础战术配合，由此也掀起了篮球运动的第一次发展高潮。20 世纪 30 年代举办的第 11 届奥运会上，篮球这项体育运动正式成为奥运会男子比赛项目，国际篮联对比赛规则再一次作了统一规定，发布了第二版全世界通用的比赛规则。到了 20 世纪 40 年代，随着篮球技术、战术的不断更新和迭代，篮球的规则也进行了相应的完善和补充，至此篮球这项运动的发展进入了全新的时代。

（三）逐步成熟时期

1970 年以后，世界强队队员的身高发展更为惊人。在第 8 届世界男子篮球锦标赛中，身高超过 2 米以上的队员有 48 人之多。这些队员既有高度又有速度，进可攻、退可守，有着较高的技术水平，这就使得篮球这项运动的竞争更为激烈，观赏性也更强。身体素质、战略技巧等多种变量综合到一起的对战模式也为现代篮球运动的发展引领了方向。各大洲国家组织了频繁的竞赛活动，并纷纷举办男、女世界篮球锦标赛，篮球运动得到了更广泛的普及。1976 年，女子篮球在第 21 届奥运会上被正式列为比赛项目，篮球运动的发展趋于成熟。

（四）创新发展时期

20 世纪 90 年代之后，篮球运动迎来了一个突飞猛进的创新发展时期。尤其是国际奥委会审批并允许职业篮球俱乐部的运动员参加奥运会，使得美国的篮球"梦之队"在第 25 届奥运会上大放异彩，展现了非凡的篮球运动技术，获得了世界的瞩目。世界篮球运动由此向战略化、智慧化、技术化、多元化、产业化等多维一体的现代化方向过渡，打开了篮球运动第三次创新发展高峰的大门。这一时期，篮球运动的主要特点是：篮球规则对比赛速度、高空争夺、场地区域及攻守技术、战术合理的运用，乃至全场比赛的时间、方式都进行了新的规定；快速技、战术和攻守转换战术有了新的发展；个人防守能力显著提高，其中以球为主的防守理念正向以人为主的防守理念转化，防守行动更具攻击性、破坏性和协同性；远投技术在比赛中发挥越来越重要的作用；女子篮球技战术趋向男子化等。篮球运动呈现出职业篮球方兴未艾、大众篮球蓬勃发展的良好态势，篮球项目也将打开以科技化、人文化、智能化、个性化、技艺化、观赏化、商业化和产业化为一体的新局面。

由于运动员制空能力增强，空间拼抢激烈，1994 年国际篮球联合会对篮球竞赛规则再一次作出修改，希望通过此方式使篮球比赛的空间竞争更加紧凑，更加人性化，更加具有观赏性。因为此时篮球运动员的身高优势明显，空中争夺尤为激烈，所以就规定在篮板周围铺上胶皮保护圈，并且缩小了篮板面积，防止球员在拼抢中受伤。随着篮球运动的持续发展，篮球规则还会出现不断的修改，篮球运动的水准将围绕着时间、空间、速度、高度，以强化技艺、谋略和激烈对抗为方向朝更高层次发展，篮球运动的艺术观赏性也将随之逐步提高。

第二节　篮球运动的特征和作用

一、篮球运动的特征

篮球运动之所以能成为国际化的大众竞技体育项目，原因在于篮球有着许多独特之处。认识篮球运动的特点，对于学习、推广篮球运动和提高篮球运动水平至关重要。

（一）独特的时空对抗

篮球运动员的时间观念很重要，因为篮球就是在相应的时间里对一定空间内的球进行攻、守争夺，通过各种技巧和方法去争取时间、空间优势，以此来获得比赛的主动权，最终赢得胜利。

正因为篮球比赛是向悬挂于 3.05 米高的篮筐投入篮球的比赛，队员之间转移球和获得球基本上是在空中进行的，所以控制空间的进攻与防守需要特殊的制空条件和制空能力。由于比赛规则中对时间有着特殊要求，所以争分夺秒把握节奏就是比赛的重中之重，也是取得胜利的关键，球员的"快、准、狠"是比赛胜利的关键因素；而防守也不是铁桶一样的严防死守，而是要利用比赛的规则和时间的限制，转守为攻。因此，快速有效地转化防守的战略，是占据比赛优势的前提。

（二）集体性特征

篮球运动是一项集体性很强的运动项目，只有运动员团结一致、齐心协力、互相合作才能战胜对方。同时篮球比赛也是一项需要双方队员彼此协同对抗的竞技类比赛，所以团队精神、集体观念是比赛获胜的关键。在比赛规则允许的情况下，进攻队员可以运用各种进攻的策略，同样防守队员为防御进攻队员也可以采用相对应的防御措施。

（三）动作灵活多变

篮球运动中的球由手来直接支配。手作为人体上最灵活的部位，其准确性和敏捷性远远高于其他部位。所以在比赛中，身体素质水平相近的两人进行角逐，往往手上技术水平高的更容易成功。在篮球比赛中，运动员要随着比赛情况的变化及时、果断、快速地做出反应，以便争取主动、从而制约对手。运动员对篮球技术掌握程度的不同，使其在技术运用能力的体现中也有不同的动作变化。

（四）具有商业性

篮球商业化最显著的特点就是在篮球的组织体制和训练体制中融入更多商业元素，比如，对球员的地位确定以及对俱乐部产权的明晰等一系列变革，对品牌代言及冠名等商业活动的引入，都促使篮球向着更高的水平发展。同时，篮球由职业化向商业化发生的转变，也是 21 世纪以来竞技体育发展的一个大趋势。

（五）职业性特点突出

自 20 世纪中期之后，欧美国家最先成立职业篮球俱乐部，竞技水平不断发展，比赛制度不断完善，当代篮球已在世界各地如雨后春笋一般发展起来。此外，球员的体能、智能以及战术的提高，也加快了职业化的发展进程。20 世纪 80~90 年代，欧美等地区已经活跃着大量的职业篮球俱乐部，其中以美国职业篮球联赛职业球队为行业标杆，自他们可以参加国际性比赛之后，篮球的职业化特点变得更为突出，俨然成为 21 世纪篮球运动发展的一个新的里程碑。

（六）具有强烈的对抗性

篮球运动有激烈的对抗性，运动员要在全场内进行进攻与防守、突破与堵截、投篮与封盖、篮下争夺和空中拼抢，就必须具有较强的身体对抗性。篮球运动不仅需要斗智斗勇，还需要充沛的体能和顽强的意志。对于青少年来说，篮球的这些特性极大地锻炼了他们的身体素质、耐力和精神品质。篮球是球类游戏，是以争夺篮球为中心的竞技游戏。游戏本身就符合人的天性，很少人会拒绝游戏。与其他体育运动不同，篮球的运动形式变化多样，娱乐性、观赏性、乐趣性、集体性更强，同时对于非专业人群来说，游戏门槛没有被设置很高，能让不同年龄层的人群也参与进来。

对于高水平的人群，双方球员展开的是身体和心理的双重较量，因此比赛显得极具观赏性，赛程百转千回，高潮迭起，相比其他的体育运动更加具有吸引力，更加扣人心弦。攻防拼抢带来的刺激、比赛变化带来的激情、巧妙配合带来的合作享受、获得胜利带来的精神愉悦，不仅培养了大批忠实球迷，也吸引着更广泛的群众积极参加篮球活动，热心关注篮球比赛。

二、篮球运动的作用

（一）有利于强身健体

篮球这项体育运动不但可以强身健体，而且还能陶冶情操、放松心情，提高人们工作和学习的效率。我们在打篮球时，身体的各个组织器官全面协调，对于提高我们身体的敏捷性、弹跳力、忍耐力，提升我们的生命活力、生活质量有着非常积极的作用。在比赛激烈时，运动员的心跳可以达到每分钟 160 次以上，对血液循环和神经系统起到极好的锻炼作用。同时，跑、跳、投动作还能促进骨骼与肌肉的协调发展。

基于此，青少年参与篮球运动有利于骨骼的生长。从小爱打篮球的运动爱好者，大多要比不打篮球的人长得高一些。由于篮筐的位置分列球场的两端，人们以球为中心开展对抗，因此球的运动轨迹可以遍布场上的任何地方。同时，人们在比赛的过程中还要考虑对手的位置，时刻受到对手的制约，这就要求球员在场上要手脑并用、随机应变、冷静分析，进而取得比赛的胜利。通过这一过程，使人的身体协调能力、观察能力、应变能力、冷静分析能力都得到了极大的提高，分析、解决问题的能力也在不知不觉中得到进一步锻炼。

（二）篮球运动有助于促进社会经济发展

篮球这项体育运动正在快速地向着商业化的方向迈进。目前高水平的球赛早已开启商业化模式，某些国家的篮球商业化程度极高。例如，现代篮球发源地美国，篮球竞赛已经发展成为少数精英群体所从事的事业，是高收入职业的象征，这些职业球员也是大多数青少年心中的偶像。商业化的篮球比赛为各种商业活动创造了良好的氛围，为传媒、广告带来了活力，与之相关联的服装业、轻工业、电子业、博彩业等产业也得到了促进和发展。美国通过（美国职业篮球）联赛向全球进行文化输出，不仅宣传了美国的竞技体育精神，还壮大了美国职业篮球联赛相关产业的发展，形成了与美国职业篮球联赛相关联的产业链，成为美国体育经济发展的支柱产业。现在我国篮球职业化道路发展的模式也是在效仿美国职业篮球联赛的运作。

（三）团队合作，发挥个性

篮球运动对培养集体主义精神有积极作用。篮球运动能促进人的全面发展，提高人的社会适应能力。篮球队员之间只有团结合作、互相协调、默契配合，才能取得比赛的胜利。身处当今这个快节奏的时代，人与人之间的交流越来越少，但是通过篮球，人们有了交流和互相了解的机会。通过篮球人们可以释放工作和学习中的压力，在比赛中也可以锻炼自己的忍耐力和持久力，提高参赛者生理和心理的健康状况。与此同时，篮球作为一个团体性的活动，可以极大地提高人们的团队意识，增加人与人之间的配合和交流，进而增加友谊，培养运动员的拼搏精神、文明自律、尊重裁判、尊重对手、尊重观众等高尚的体育道德。

对于从事篮球运动专业的人员来说，篮球这项体育运动是开创性质的运动，在比赛中每个人的打法和风格各不相同，个性千差万别。篮球运动能培养运动员团结友爱的集体荣誉感、严格的组织纪律性和顽强拼搏的意志品质。不同的人、不同的队伍对篮球的理解也不尽相同。篮球是一项集复杂和多变于一体的运动，每个球员都要灵活控制四肢，随机而变，去面对场上所发生的各种各样的问题，所以团队协作在篮球中是比较重要的。

篮球运动是一项多变的、激烈的体育活动，其本身的功能是多元的。在100多年的发展历程中，经过广大篮球工作者和篮球爱好者坚持不懈的探索，篮球自身的功能得到不断扩大。人们已深深地领会到其强身健体的愉悦性、大众参与的广泛性、高超技艺的观赏性、扣人心弦的竞技性、彰显活力的趣味性、商业开发的产业性。同时，我们深信随着时代的发展和研究的不断深入，篮球运动必将为人类社会的发展发挥更大的作用。

三、篮球运动的规律

（一）集体协作规律

篮球运动是集体协同作战的一项运动，想要取得比赛的胜利，球员之间就必须团结一致。篮球作为一个团队性的活动和比赛，要求团队中的每个人都要做到团结一心、紧密联系。场上的 5 名队员固然重要，但也不能忽略教练的指导和替补队员所发挥的作用，必须综合考虑各个方面包括团队中的每个队员来进行战略布局。在如今的篮球赛事中，比赛节奏很快，竞争也很激烈，所以充分发挥团队的力量就显得尤其重要，这也是决胜的关键。

（二） 激烈对抗规律

篮球运动的高速对抗，表现为运用不违反比赛规则的战术来压制对方，这种对抗表现在赛场上就是战略、技巧、身体素质、心理素质等综合起来的多方面素质的对抗，在空间上表现为地面和空间的立体式对抗，在时间上表现为分秒必争，全场 40 分钟内球员无时无刻不在争抢和拼斗。对抗的基础是身高、体重和全面发展的身体素质，在肢体接触和对抗的条件下，要特别注意灵活地运用身体力量，不要死打硬抗，而是要刚柔相济、四两拨千斤，协调地进行对抗。在规定的比赛时间里，以攻待守或以守待攻，合理安排战术转换衔接和变化节奏，进而提高进球概率。因此，光有身高优势是远远不够的，还要注意运动员的速度优势，在高度和速度的转换中达到一种动态平衡，进而提高篮球比赛中的获胜概率。

（三） 动态变化规律

众所周知，篮球并不是一项死板的运动，它的灵魂就在于一个"动"字。所有的攻守都是在"动"中完成的，以"动"转化整场的节奏，转换攻守战略化被动为主动，这也是当代篮球的一大特点。篮球以动为框架，讲求一个变的过程，也就是我们所说的随机应变、因时而变。

（四） 动态均衡发展规律

速度是人快速完成运动的能力，包括反应速度和移动速度，速度快可以帮助运动员赢得时间、掌握更多的进攻机会，从而占据更有利的地位。高度是指由人的身高、好的弹跳和人的伸展组成制空优势，占有制空优势就会取得更有利的攻防形势，也会赢得比赛的主动权。但是，其弊端是身材高大的球员，身体的反应往往不是很好，而速度快的球员往往空中优势比较薄弱，因此当代的篮球队往往要求球员均衡发展速度和高度，这样才能使比赛处于主动地位，才能立于不败之地。篮球运动就是由双方球员在有限的时间内进行进攻和防守的交替。进攻与防守是对立统一的关系。进攻要得分，防守要阻止得分，但二者又是互为存在的前提。如果一支队伍只是进攻好，得分多，但是防守差，失分也多，这样的球队很难赢球；如果一支球队防守好，失分少，但是进攻不好，得分也少，同样难以赢球。所以，一支球队不能只重视进攻，轻视防守，同样也不能只重视防守而轻视进攻。只有做到进攻和防守动态均衡，才能最终赢得比赛。篮球技术是基础，战术是技术的运用形式。技术好，但战术组织差，则技术不能很好地发挥作用。同样地，战术好，技术欠佳，则战术也只是空中楼阁，没有实用价值。现代篮球运动要求球队既有全面扎实的基础技术，又要发展良好的、有针对性的战术，将技术和战术有效结合，才能推动篮球竞技水平不断发展和提高。

第二章　高校篮球运动教学的基本理论

篮球教学是高校体育教学的重要内容，深受广大学生的欢迎和喜爱。在高校中开展篮球教学活动，体育教师和学生都要认识与了解篮球运动教学相关的理论知识，为篮球教学活动的开展打下良好的基础。本章重点阐述高校篮球教学的基本理论。

第一节　高校篮球运动教学的任务内容

一、高校篮球教学的教学任务

（一）制定任务的依据

1. 以学生的身心发展特点和规律为基本依据

在高校篮球教学中，学生的身心发展特点与规律对篮球教学有着非常重要的影响。一般来说，学生的身体发育都要经历几个敏感时期，在这些敏感时期对学生进行篮球运动素质的培养是至关重要的，可以起到事半功倍的效果。

2. 以学生参与篮球运动的兴趣与能力为依据

高校想要在篮球教学中提升教学质量，要将培养学生的兴趣作为首要任务。而要想激发学生学习篮球运动的兴趣，就要根据学生的身心发展特点和具体实际，合理选择教学内容与方法，由易到难、由浅入深地帮助学生掌握篮球运动知识和技能。

3. 以促进学生综合素质的全面发展目标为依据

高校开展篮球教学活动的主要目的不仅是提高学生的篮球技能，更重要的是培养学生的综合素质。因此，高校篮球教学要将学生的综合素质发展作为基本依据之一。

第一，在德育方面，当代篮球教学要注重培养学生顽强的意志品质，教导学生要遵循一定的道德规范和准则，努力实现自己的目标。

第二，在智育方面，当代篮球教学要培养和提高学生独立发现问题、解决问题的能力，努力开发学生的智力，提高学生的智力水平。

第三，在美育方面，篮球教学要培养学生感受美、欣赏美的能力。

在制定篮球教学任务时要综合考虑学生身心发展的各个方面，促进其综合素质的全面发展。

（二）制定任务的基本程序

1. 了解教学对象

在制定篮球教学任务前，教师要充分了解篮球教学对象的具体实际情况。主要了解与分析学生的体能状况、运动技能水平、篮球知识储备等，在此基础上制定出科学、合理的篮球教学任务。

2. 分析教学内容

在制定篮球教学任务前，教师还要充分了解与分析篮球教学内容的特点与功能。因为篮球教学任务的设定与教学内容之间的联系非常密切，可以说，不同的篮球教学内容具有不同的特点与功能，没有无目标与任务的篮球教学内容，也没有无教学内容的篮球教学任务。

3. 编制教学任务

篮球教学任务具有重要的指引、导向、评价篮球教学活动质量等作用，因此，篮球教学任务的制定至关重要。在具体的篮球教学活动中，要处处体现篮球教学的任务，要依据篮球教学任务组织与开展篮球教学活动。

（三）高校篮球运动教学的基本任务

1. 增强学生的身体素质

身体健康是人们学习工作的前提，所以高校应高度重视学生身体素质的提高，学生身体素质的提高是一个极为重要的方面。篮球运动是一项综合性运动，能有效提升学生的跑、跳、投等能力。高校通过篮球教学，不仅可以全面提高学生的身体素质，而且还能促进学生心理水平的发展与提高。另外，大学生要提高自己的篮球技能，首先也要提高自身的身体素质。

2. 提高学生的篮球知识与技能

在高校的篮球教学体系中，让学生了解和运用篮球的知识和技巧是很重要的。知识是实践的基础，学生要充分学习篮球知识，然后提升篮球技术，而技术是制定篮球战略的前提。可以说，篮球运动知识与运动技能之间是相互作用、相互统一的关系，二者密不可分，共同构成一个整体。

3. 激发学生的创新意识和能力

高校篮球运动是一项富有创造性的体育活动，在篮球的技战术方面，学生的运动能力具有明显的复杂性、多变性及灵活性。因此，提升学生的创新意识和创造能力是高校篮球教学过程中非常重要的教学任务之一。学生创新能力的培养是高校在开展篮球教学时必须重视的。

4. 培养学生的集体精神和意志品质

篮球并不是一项单一的运动，在篮球运动中最不主张的就是单一作战，它是集体性的运动，需要发挥团队的优势。所以通过篮球运动可以有效培养学生的团队意识，让学生具有强大的耐力，让学生获得完善的价值观和人生观。同时，篮球教学过程本身就是一个人才培养的过程，能培养学生的综合素质。因此，集体主义精神和意志品质的培养也是高校篮球教学的重要任务之一。

二、高校篮球运动的教学内容

我国主要以教学对象的层次及培养目标为依据，制定高校各学科的具体教学内容。篮球教学的主要内容主要包括以下 3 个方面。

（一）理论知识

对于大学生学习篮球技能与进行篮球活动实践来讲，高校的篮球理论知识的教学具有重要的指导作用。

我国高校篮球运动教学，到目前为止已经形成了比较完善的理论知识体系，其具体内容为：篮球竞赛的组织、规则与裁判法、教学训练的理论和技战术分析等。通常情况下，经过学习之后，学生都能够熟练地掌握这些理论知识。

（二）技术动作

技术动作是运动技能中最基础的内容，其中主要包括技术动作方法要领、规格及运用等。教师在教学过程中需要重视示范动作的规范性，这样才能够让学生形成正确的技术动作，并为之后的篮球学习奠定基础。

（三）战术配合

战术配合是高校篮球教学中很重要的一项内容，面对不同的对手要使用不同的战略布局，战术布局和战术的配合也是非常重要的。在高校篮球实践教学中，全队培养及 2~3 人的基础配合，是篮球配合教学的主要内容。同时在教学过程当中，教师需要达到两点要求：

（1）应通过合理、有效的方法，让学生认识与了解人与球移动的攻击点、路线、运用时机及其变化等内容。

（2）应当重视学生的战术配合与协作意识的培养，这样才能让他们在实战中做到配合默契、灵活。

第二节　高校篮球运动教学的原则方法

篮球的教学过程就是学生在教师的指导下开展篮球实践的教育过程。在这个过程中学生的综合素质得到全面提高。学生对篮球的了解更加深入，对篮球的技巧更加熟练，以此来加深对篮球的兴趣并将其作为终身热爱的体育项目。然而这一特殊的认识过程本身又有其固有的规律，篮球教学只有遵循这些基本规律，才能达到理想的效果。

一、篮球运动的教学原则

原则是教学的基础，是教学的灵魂所在，是在日积月累的实践中积累起来的实践经验，是教学过程中必须遵循的准则。在篮球教学过程中，具体表现为教师应按照篮球教学计划，有目的、有组织、有系统地进行教学，同时紧密结合学生自身的特点以及篮球运动的属性，在启发式、讨论式等教学形式的基础上，因材施教。篮球教学中主要运用的教学原则有以下5个方面。

（一）自觉积极性原则

自觉积极性原则是指在教学过程中，教师通过各种措施，激发学生自觉学习篮球运动知识的欲望，增强练习的积极性，从而发挥学生主动性和创造性的原则。为此，应注意以下5点：

（1）加强思想教育，使学生明确学习目的，端正学习态度，树立勤奋学习的决心，培养学生顽强拼搏、团结互助的良好学风。

（2）根据教学任务和具体条件，严密组织整个教学流程，科学地安排各种技能的学习顺序，使学生充分理解每个技战术的要领、用途、运用时机和动作的变化等，培养学生的学习主动性。

（3）培养学生独立思考的能力，养成多动脑、勤动脑的习惯，提高学生独立思考问题的能力。

（4）在教学过程中，多鼓励和表扬学习认真并喜欢钻研的学生。

（5）积极钻研教材、教法，注意教材内容的多样性、系统性和实用性，适当增加一些竞赛性的内容，以提高学生的学习兴趣。

（二）直观性原则

直观性原则是在学习的过程中，让学生获得经验以及通过感知来丰富学生的感性认识，使学生从生动的体验当中，更快地掌握所学的知识、技能，培养学生的观察能力和思维能力。

在篮球教学中，直观性原则具有重要意义。篮球教学过程是学生认识和掌握运动技能的过程，教师正确地讲解示范，有助于学生建立正确的动作表象，对形成正确的动力定型非常重要。为此，应注意以下3点：

（1）运用多种直观形式和手段进行教学。运用挂图、图片、图表，观看比赛、电影、幻灯、录像等手段，使学生感知动作的表象以及动作过程中的时空关系，从而提高教学的效果。

（2）要注意语言的使用，教师在讲课的过程中要具有指导性，要全面综合考虑学生对知识的理解和掌握，用较为简明的语言使学生轻松地接受教师的指导，从而达到让学生快速理解的目的。

（3）在篮球教学过程中还可采用视觉信号（如手势），或利用标志点、线、物等来集中学生的注意力，从而提高教学效果。

（三）实事求是原则

实事求是原则指的是篮球的教学内容和方法要从实际出发、合理安排，要以教学场地、设备、器材、气候等实际条件为基础，力求符合学生的年龄和身体素质发展水平等。为此，应注意以下 2 点：

（1）要深入调查研究，真正了解学生的思想状况、身体条件、技战术特点、个性特征、家庭背景等各方面的情况，以便能采取有效措施，做到既有统一要求，又能区别对待。

（2）把握学生的真实水平，全面考虑学生的领悟和接受能力，合理安排学生的课程内容。

（四）循序渐进原则

在教学中教师要遵循循序渐进原则，所有的课程安排要符合人们的认知，符合人体力学的常识，遵循客观规律，真正做到由易到难、由简入繁、逐步深入、不断提高。为此，有以下 4 点要求：

（1）教学任务的制定是一个由浅入深的过程，是一个由已知到未知不断递进的过程。同时，教师还应注意易与难、浅和深的合理搭配，要综合考虑学生的个人实际的难易搭配情况。

（2）教学方法要结合篮球运动的特点，对于不同的学生一定要因材施教，不同的学生采用不同的教法，对同一个学生在不同的阶段要及时调整教学方法，以使其最大限度地掌握知识。

（3）全面系统与重点突出相结合。对篮球教学内容及教学活动各个环节的安排，既要考虑到系统连贯，但又不能等量齐观、平均分配，应抓住其关键的内容，有重点地进行教学，以突出重点带动全面。

（4）运动负荷要由小到大，有节奏地进行安排，随着运动技术、技能的不断熟练，可以逐步增加运动的强度和负荷量。

（五）巩固提高原则

巩固提高原则是指在篮球教学中，以实际应用为最终目的，在学生牢固掌握篮球技战术的基础上再给予一定程度的提高，真正实现从量变到质变。为此，应注意以下 3 点：

（1）在教学过程中要有计划地安排作业，使已经学习的内容能够得到及时复习，尤其是对于教材重点、关键技术还要适当增加复习时间。

（2）增加训练时间和练习密度。根据课程的任务和要求，在教学过程中尽可能增加学生的练习次数和练习强度，并适当安排教学比赛，提高学生篮球技战术的运用能力。

（3）紧密结合时代发展的步伐，注重知识的更新，不断改进教学方法，创造新的教学方法，使教学内容、方法、手段更具科学性和先进性，从而更好地促进学生的提高。

以上各项原则之间有着千丝万缕的关系，它们互为存在的前提，缺一不可，共同在教学过程中发挥作用。在这些原则中每个项目都至关重要，教师只有全面考虑各个原则的实施情况，才能更好地帮助学生解决问题，更好地指导教学实践。

二、篮球运动教学方法

教学方法是教师和学生为了完成教学目标而开展的由教师教、学生学的一种互动，教学方法是教师指导学生过程中非常重要的一个环节。从大体的方向上来讲，教学方法决定着教学活动的成败。在篮球运动教学中，教师常用的教学方法有以下几种。

（一）学习指导法

篮球教学中的学习指导法，是指在教师指导下学生进行学习的方法。大体可以分为以下3种方法。

1. 语言讲解法

所谓的语言讲解法就是教师在教学过程中运用各种形式的语言，包括肢体语言等去指导学生学习的方法。在教学的过程中，语言讲解法占有绝对的领导地位，有时甚至关系到教学的成败。清晰易懂的语言可以激发学生的求学热情，增加学生的学习动机，改善师生的互动关系，也可以激发学生的思维方式，促进学生对知识的理解，进而达到教育学生的目的。

在篮球教学中讲解应遵守如下要求：

（1）讲解目的明确并具有教育性。

教师要讲什么？怎样讲？对谁讲？都要有清晰的计划，同时要根据实际教学情况，综合考虑学生的学习能力和状态，及时调整教学方针。

（2）讲解要生动形象、简明易懂。

教师在进行讲解时虽然要更多地使用专业术语，但也不能仅单调地进行专业术语讲解，这样会造成学生的困惑。要适时采用比喻等方式形象地讲解，要注意突出教学的重点、难点、关键点，要口齿清楚、用词贴切，讲解要层次分明，符合学生的接受能力。

（3）讲解要富有启发性。

讲解要富有启发性，教师要积极与学生交流。例如，应及时向学生提问，然后引导学生得出正确的答案，使学生做到看、听、思三位一体的结合学习方式。

（4）讲解要注意时机和效果。

在教学的不同阶段，教师要讲解的内容、授课的方式也是不同的，要进行及时调整，例如，课堂开始阶段，当教师宣布课程的教学目标、内容时，语言要精练、果断；当教师分析动作要领时，对技术的重点、难点可通过手势、语气以及语调的变化，加以强化讲解。

（5）注意精讲多练。

教师在教学过程中应根据实际需要判断和运用讲解，该讲则讲，能少讲不多讲，把更多的时间留给学生主动地去学习、练习和体验。这就要求教师除了抓住重点、难点和关键点，还要放手让学生自己去探索和尝试。

2. 口令和指示

口令和指示指的是教师用简洁明了的话语去指导学生的一种语言方式。当教师在发出口令和指示时，应该尽量做到声音清晰透彻、不拖泥带水、节奏分明、发音准确有力。

3. 口头评定

口头评定顾名思义就是教师以口头的方式评价学生成绩和教学成果的一种语言形式。例如，学生在练习过程中或练习之后，教师说的"很好""有进步"等评价。这种口头评定有利于激发学生的学习兴趣，使学生及时了解自己的不足，提高学习效率。教师在运用此法评价学生时，要准确及时，以鼓励为主，并注意指出学生在学生过程中的主要缺点和不足。

（二）直观法

1. 动作示范

动作示范就是教师先自己示范相关动作进而指导学生的一种肢体语言

形式。动作示范一般以正面示范为主，当然也包括像侧面示范、局部示范，还有常规示范、慢速示范、静止示范等。

篮球教学中的动作示范有如下要求：

（1）动作示范要正确、熟练并具有感染力

动作示范的正确性应从两个方面来理解：一是示范动作要符合动作的技术规格和技术要求；二是动作示范的难易程度、达到的标准、展示的重点以及示范的表示方法等，要以学生的实际需要为依据，不应低于或高于学生的能力。此外，示范应做得轻松、优美，具有感染力，能够激发学生的学习动机。

（2）动作示范的方向和位置要考虑到学生的观察效果

为了让学生有一个良好的观察环境，教师在示范前要找好位置和角度。在示范的同时或之后要及时讲解示范的注意点，可以根据重点进行不同示范形式的选取，便于学生充分吸收和理解。总之，不同示范类型的选取有着不同的效果，在实际的教学中要合理选取，师生相对位置的选取也是很重要的，便于学生良好地观察。

2. 教具和模型的演示

教师要根据教学的实际需要选择、使用教具、模型，并注意演示的程序、时机，以提高教具模型演示的直观效果。

3. 视频影像

视频影像是利用电影、幻灯、投影、电视和录像等现代化的电化教学手段进行直观教学。借助电化教学的视听工具可以完整、准确地再现和重复动作，对一些复杂的动作还可以通过调控速度或暂停进行分析，这对于激发学生的兴趣，启发其思维并加深对问题的理解具有显著功效。

（三）动作练习法

1. 变换法

变换法的特点是练习条件的变换。因此，它可以有效地提高学生中枢神经系统和身体各器官系统间的协调能力、对环境和负荷的适应能力以及练习的积极性和运动技术水平。运用变换法的注意事项如下：

（1）要根据特定需要选择和安排变换的条件。变换什么条件要根据实际需要有针对性地安排，例如，在改进提高运动技术时，一般改变技术要素；在提高应用能力时，一般改变环境和条件因素。

（2）对变换的条件和内容要作出明确的要求和限定。

（3）当用于发展学生体能时，要使运动负荷符合练习的要求以及学生的负荷承受能力。

（4）当运用变换法练习时应注意对正确动作的校准，防止错误动作的产生。

2. 持续法

所谓的持续法就是在训练的强度基本不变的情况下，增大练习的时间和次数，而且每次的训练量也比较大。所以，运用持续法可使学生心血管系统和呼吸系统的机能得到稳步提高。运用持续法时应注意的事项如下：

（1）因人而异，控制好负荷强度。在体育教学中，要依据不同教材、季节气候和学生的体质妥善安排运动量。比如练习的时长和练习的时间就要妥善安排，不可出现练习时间很长、练习量也很大的情况，要做到合理分配。当练习强度比较大的时候练习时长就要相应减少，反之亦然。

（2）加强医务监督。教师在教学中要善于观察学生练习时所产生的生理、心理反应，及时进行调整。

（3）加强思想教育。由于持续法较枯燥，因此，教学中除广泛采用多种练习相结合的组织形式外，应不失时机地向学生进行吃苦耐劳、坚忍不拔的意志品质教育。

（4）培养学生自练、自控的能力。教学中应向学生传授持续法的基本知识及控制与调节运动负荷的方法，使学生自觉而科学地参与训练。

3. 间歇法

间歇法就是根据每次的训练量、训练时间、每次练习的空闲时间等要素进行合理安排，开发出适合每一个人成长的一套训练方法。这种方法是根据个人情况制订的专属计划，因而不具有普遍的适用性。间歇法的主要特点是每次练习之间有间歇，但必须控制间歇时间和休息方式。即机体还没有恢复，就要进行练习且要采用积极性休息方式。因此，间歇法能有效地提高练习者呼吸系统和心血管系统的机能。由于间歇法对机体的影响较大，所以，应注意总负荷和局部负荷的安排和控制。

4. 循环法

循环法既是一种练习方法，又是一种教学组织形式。其主要特点是可以加大练习的密集性和运动量。循环的方法可以用于提高学生的身体素质和身体体能，也可用来巩固提高某项主要技能的学习。

（四） 一般教育法

1. 表扬法

情绪变化对人的影响很大，通过表扬学生，可以使学生的信心受到极大鼓舞。这是一种非常正确、有效的教育方法，可以极大地激发学生的干劲。表扬可以是口头表扬，也可以通过一个表情、一个微笑、一个肯定的点头等进行表扬，这些都是表达鼓励的重要方式。教师运用表扬法时应注意以下几点：

（1）表扬要及时。教师要善于捕捉学生身上的"闪光点"，不失时机地给以肯定和鼓励，尤其对于后进的学生，更应给予及时表扬，以增强其上进心和自尊心。

（2）表扬要适当。教师对于学生的表扬要实事求是，不要过分夸大。

（3）表扬时要适当指出缺点和不足。

2. 批评法

虽然批评不是教育学生的最佳方式，但对于学生的不良行为，也不可置之不理，有时批评也能起到良好的效果和成效。批评能使学生认识到自身存在的不足，从而明确标准、尽快地改正错误。篮球教学中可通过当众批评、个别批评，以及用表情、眼神、手势等方式表达批评的含义。教师运用批评法时应注意以下几点：

（1）批评学生要从爱护的角度出发。通过批评要使学生明白错在哪里？为什么错？有何危害？如何改正？以使其能尽快改正错误。

（2）批评要使学生心悦诚服。教师在批评学生前一定要深入调查情况，弄清事实，有理有节。

（3）批评要注重方式。学生的自尊心较强，最好以表情、眼神及个别批评的方式进行，尽量不要采用当众批评的方式，更不应该采用体罚及经济制裁的手段。

3. 说服法

说服法顾名思义就是通过讲道理、讲事实来劝说学生的一种方法，在篮球的教学过程中也比较实用。在教学中的说服法通常采用讲解、座谈、讨论、谈话等方式。教师运用说服法时应注意以下几点：

（1）说教时应观点明确，联系实际，符合学生特点。

（2）运用座谈或讨论方式教学时，教师应注意启发诱导，鼓励学生广泛发言，并对问题及时总结。

（3）要注意以事实为依据，以道理作引导，热情耐心地实施教育。

4. 榜样法

榜样法就是以个别优秀的人或球员为榜样，用那些优秀事迹或成果来激励学生进行效仿和学习，以此达到激励学生的目的，让学生找出差距、追求进步。教师运用榜样法时应注意以下几点：

（1）篮球教师要以身示教。教师在教学过程中不可只讲授不示范，要注重以自己的实际行动来诠释榜样的力量，从而发挥教师的楷模作用。

（2）教学中要善于树立典范。教师要不失时机地表扬先进，树立典型，使学生明确目标、学有榜样。

（3）运用榜样法时，应实事求是，切忌将榜样特殊化。

5. 评比法

评比法是利用竞赛、检查、评估等方式在篮球教学中对学生的表现、行为进行比较评价，从而鼓励先进、激励后进的一种教育方法。学生好胜心较强，评比法的最终目的就是让学生在好胜心的驱使下，在同学内部形成良好的竞争氛围，这是一种非常有效的激励学生进步的方法，评比对象的范围也比较广泛，可以是同学内部的评比，也可以是团体与团体之间的评比；而且评比的方面也比较多，可以是学习方面，也可以是组织纪律方面的评比。此外，还可根据情况进行优秀体育班级、优秀体育小组、优秀体育骨干和体育积极分子的评比。教师评比时要注意几点内容：

（1）评比作为一种激励同学们学习的教学方法，要有明确的目的性。评比是一种教育手段而不是目的，要通过评比起到一定的宣传教育作用。所以，在运用评比法时，对于评什么、怎样评、达到什么预期结果等均要有具体的操作计划。

（2）评比要有明确、具体的条件和标准，要有利于学生公平竞争。

（3）评比时，要发扬民主精神，让大家充分发表意见。

（4）评比的结果要及时公布和总结，以扩大评比的影响力。

教学有法，但无定法，贵在得法。各种方法往往不是独立存在的，在教学的过程中要注意多方法的结合使用以达到最佳的教学目标。任何一种教学方法都不可能是万能的，教师应不断地总结教学实践经验，从实际出发，灵活地运用各种教学方法。

第三节　高校篮球运动教学的模式选择

一、分层次教学模式

（一）分层次教学的基本原则

1. 因材施教原则

分层次教学遵循因材施教的原则。一方面，因材施教是现代教学理论的一项核心原则；另一方面，因材施教是教育工作者在实际的教学过程中总结出的具有实践意义的原则。因材施教包括三个方面的含义，具体如下：

第一，教师要充分了解，掌握不同学生的优点和缺点，了解每一个学生的学习能力的差异。

第二，教师从不同学生的自身实际情况出发，制订符合学生自身的教学计划。

第三，教师在教书育人的过程中，要面向全体同学，不可单独搞特殊，这是非常重要的一个原则，要考虑到全体学生的全面发展。

上述三个方面的含义，正蕴藏着素质教育的三个要义，具体如下：

（1）让学生主动发展。

只有让学生自主发展，才能培养学生的创造性，才能够使人才发展具有多样性。因材施教的前提就是承认个体差异性，同时强调绝不可以只用一个要求来应付所有学生，而是要对不同的学生采取不同的方法，鼓励他们发挥自己的特长和特点，进而将他们的个体潜能最大限度地挖掘出来。个体潜能的挖掘过程，就是实践操作能力以及创新意识与能力的培养过程。

（2）要面向全体学生。

教师应当做"园丁"，而不是"伯乐"，之所以会有这样的要求，是因为伯乐想要的是千里马，而园丁的心愿则是"满园的春色"。而因材施教实际上就是从整体出发，来对个体之间的差异进行辨析，教育的目的并不是为了选拔适合完成教育的人，而是要让教育适合每一个人。

（3）促进学生全面发展。

教师在充分培养与发展优良个性的同时，也要用不同的方法来让目标的共性达到要求。因材施教原则包括3个基本环节，具体如下：

第一，会调查教育对象，研究教学目标，这是因材施教的基础与前提。只有清楚地了解了学生的兴趣爱好、心理、能力、个性以及思维特征，并进一步了解他们的精神信仰、价值观念、行为动机与个人追求之后，才能够提出合适的教学目标，并进行针对性的施教。

第二，教师应从实际情况出发，对教育的内容与要求进行调整。一方面，要提出对每一位学生都适合的教育内容与要求；另一方面，需要区分个体之间存在的差异，并以此为基础，提供不同的教育内容与要求，除了要使学生的特长、兴趣得到发展之外，还要做到能够弥补学生们的个体缺陷，让个体的发展需要和社会的发展需要保持一致。

第三，教学要具有针对性，教师应当针对学生的思维特点，改进教育的手段与方法，使学生的主体发展得到有效促进。

需要注意的是，目前的班级授课制，使因材施教与提高全体学生的教学效率之间产生了矛盾。因此，要想将因材施教真正地落实下去，很有可能需要以牺牲一部分人的自主发展，抑或是以牺牲效率为代价。

2. 主体性原则

教育教学的主体应该是学生，教师的作用就是作为学生成长路上的指路灯，这就要把不同层次的学生进行归类，总结出不同的教学方案，从而对学生进行教育和引导，培养出学生的参与意识、创造意识与主体意识。

3. 团结协作原则

教师想要以一己之力完成培养学生的任务是不可能的，需要同其他教师相互协作与配合，有时还需要得到社会与家长的支持。分层交叉教学模式，由于有内部分层，使得教师之间的团结协作显得更加重要。另外，家长与社会是否理解这一模式，也对分层次教学的顺利启动有很大的影响。

4. 正视矛盾并促使矛盾转化的原则

不同的学生的天赋、思想和对问题的看法都是不同的，这些思想、看法，并非是短期形成的。因此，教师需要循序渐进地进行教育，这样才有利于学生掌握知识。当然，学生的各种成绩并非是一直持续提高的，而会出现反复，甚至倒退的现象。此时，教师就需要利用分层次教学模式来持续地分析与观察学生，及时给予指导与强化，最终让学生真正掌握篮球知识与各种技战术。

5. 创造性原则

创造性原则体现在 2 方面：

（1）教师应创造性的"教"。

教师应该综合考虑不同层次学生的共性，以及不同层次学生的特性来制订教学方案和内容，进而达到对学生的教育目的，以此来鼓励学生树立终身学习的目标。

（2）教师要启发学生创造性的"学"。

在学习过程当中，教师应当将个体的差异性体现出来，或者是以培养学生的独立探索、独立思考的精神与能力为主。需要明确的是，创造性的学习，强调的是过程的创造性，而不是结果的创造性。分层教学模式提供了进行创造性教学模式的可能，并且使这一过程具有了实践性与可操作性。

总而言之，分层次教学模式，就是一种全面贯彻教育方针，培养创新人才的有效载体。这种教学模式以承认学生在教学中的主体性以及个体差异性为前提，促进全体学生的发展，做到"分而未分，合而不合"，充分体现出了个性与层次，使学生们的潜能充分地挖掘出来，重视学生终身学习能力的发展与培养，切实提高学生的整体素质。

（二）分层次教学的基本方法

不同高校的篮球课程会有不同的教学方法，下面将分别对选修课与专修课的分层次教学的基本方法进行介绍。

1. 高校篮球教学选修实践课

篮球选修课教学模式以实践课为主，教师会采用讲解与示范、比赛、自学、练习等方式完成教学；而理论则采用阅读、图片、录像、讲授等方式完成教学。篮球作为一项运动，在能力的培养方面应当采用布置作业、座谈、课堂提问、评论等方式完成。需要注意的是，无论采用何种方式，在整个篮球教学活动过程中，应以现代教学理论作为指导。与此同时，还要全面贯彻素质教学的思想，只有这样，才能够在教学的各个环节当中凸显出对能力的培养。

2. 高校篮球教学专修理论课

篮球理论知识的教学方法有很多，比如，专题作业和讨论相结合的方式，课堂与讨论相结合的方式，以及电化教学（录像、电影、图片等）这种直观教学方式。

一般情况下，篮球理论知识主要的教学手段以教师所进行的课堂讲授为主，所以要求体育教师对篮球理论知识做到熟练掌握、融会贯通、思路清晰，同时以知识内容的层次为依据，重点指导学生，并要求他们完成课前预习。在讲课的过程当中，要通过提问的方式来了解学生的理解与接受的能力，这样会更便于反馈与改进教学。在课后，教师要有针对性地安排作业、批改作业，与此同时，还要及时让学生知道自己的作业完成情况。体育教师还要注意引导学生关注中外篮球的发展状态，并引导他们结合国内外文化经济的发展状况来对篮球这项运动进行论述，从而使学生对篮球形成系统的了解。

（三）分层次教学的主要特点

分层次教学有自己独特的特点，本书将通过对分层次教学模式下的班级和传统集体授课制的班级的异同进行比较，来体现分层次教学的优势。

分层次教学模式和现行班级授课制的班级的不同之处，包括以下几点。

1. 班级"合而不合、分而未分"

"合而不合、分而未分"就是说先在原始班级的基础上按照综合测试进行分层，之后再对同一个教师所在的不同的两个班进行重新组合，最后再进行交叉上课。这种教学方式在上完分层次教学科目的课程之后，其余课程则需要回到原班级上课。这样的话，原班级在大体上并未改变，但是在不变中又有变化，因而就会最大限度地照顾不同层次的学生需求，做到有的放矢，区别对待。这种方法可以让不同层次的学生通过不同的方法与途径，将自己的篮球潜能最大限度地开发出来，并激发他们的实践力与创造力。

2. 引进良性竞争机制

引进良性竞争机制可以非常积极地让不同层次的学生展示自己，可以加快学生实践和创新能力的发展，营造出一种良性竞争的氛围，让学生通过自己找到差距。无论以哪一种标准分班，在分班之后，都一定会因为各种各样的原因（包括内因与外因）而分化出不同层次与需要的隐形层次。

分层次教学模式中的既公平又严格的良性竞争机制，使得学生们的心能够紧紧贴合在一起，使学生们的精力能够被吸引到集体活动与学习当中，这对班风、校风与学风都会产生一定的积极影响。可以说，在实行分层次教学模式之前，学生是在教师与家长的要求之下被动学习的，而在良性竞争的机制下，学生们逐渐变成了真正意义上的主动学习。

（四）分层次教学的理论与实践

1. 高校篮球普修课教学的理论

高校篮球普修课教学的理论包括 3 个方面：

（1）学习动机理论。

一定水平的运动学习动机，能够让高校篮球参与者在篮球运动中更能够集中注意力，更能够坚持长时间的练习，并且还能够表现得更加努力；低运动动机可能会让个体放弃并且退出高校篮球运动。

在高校篮球教学的过程中，教师通常会从以下几个方面来激发学生的学习动机。

如果学生清楚了学习目标以及活动价值，就会有学习的需要产生，进而才会尽全力地完成学习。盲目学习，效率一定会很低，在确定学习目标的时候，一定要考虑学生的能力与知识水平，目标既不可以过大，让学生感到无法实现；又不能够过小，让学生过于容易实现，从而失去学习动机。与此同时，还需要将远大目标与具体目标有机地结合在一起。

对于学生学习高校篮球来讲，积极的鼓励，包括适当的表扬与及时的评价，会对其产生强化作用，并且还能够将学生集体荣誉感、上进心与自尊心等激发出来。

第一，及时的评价。一般情况下，及时评价的效果都优于不及时评价，前者能够利用不久之前留下的鲜明记忆，增强学生改进高校篮球运动学习的愿望，后者在这方面的作用就会比较小，因为学生对完成任务后的情景的印象已经淡化了。

第二，适当的表扬。对于学生而言，鼓励、表扬多过指责、批评，就能将学生的学习动机更好地激发出来。如果表扬过多，就会让学生产生骄傲的情绪，并且还会出现忽视自身缺点的问题，从而引发消极的效果，因此，表扬一定要适度。另外，除了要表扬之外，还需要明确指出学生们的不足与接下来的努力方向。

不同的学生对自己会有着不同的期望，通常来讲，较为优秀的学生对自己的期望比较高；中等的学生对自己的期望水平不等；较差的学生对自己的期望水平则较低。如果期望过高，就会难以达成，从而产生失望的情绪，并且可能失去信心；如果期望过低，就会让学生产生厌倦的情绪，使他们的学习动机降低，从而导致他们不再积极地学习篮球这项运动。

对于学生学习动机的形成来讲，教师的评价同样具有积极的正面作用。通常来讲，学生更喜欢听到他人对自己的期望性的语言，从而大大提高对学习篮球的动力和热爱。

（2）学生主体理论。

培养人才是教育最基本的，也是最重要的功能。开发学生的主体观念，增强主体意识，让学生从被动学习变为主动学习，从而实现培养具有主体意识和创造力的新型人才的目标。学生主体理论主要分为以下两种：

第一，在教学的过程中，学生是教学的主体以及核心。教师的作用则是开导学生在运用与学习知识的过程当中，主动地、能动地完成高校篮球的各种学习任务。

第二，学生是发展的主体，体育教师应当重视培养学生自主发展、自立创造的能力，并引导他们做自我发展的真正主人。

（3）信息反馈调节理论。

反馈调节指的是，在整个高校篮球教学过程当中，师生要能够及时地从教与学中获得反馈信息，以便了解实际的教学情况；之后要及时分析反馈的信息，通过分析对教学进行及时的调整，从而提高教学质量和教学效率。也可以将整个教学过程看作一个控制系统，通过现代化的信息理论对其进行剖析和把控，而在这个系统中教师和学生之间的信息交流尤其重要，师生之间的信息反馈可以对教学起到调控的作用，进而实现提高教学质量的目标。

2. 高校篮球普修课教学的实践

在高校篮球普修课教学实践过程中，应该把主体原则放到最重要的位置。要明确学生才是教育和学习中的主体。在实际的教学过程中，教师要为学生创造可以发挥自己主体性的条件，要激励学生去参加教学实践。通过这一过程，学生的学习动力会有很大的提高，多方面的能力都能得到发展。在这样的主体活动中，引导学生意识到主体的地位，还需要引导学生养成主动参与学习过程的习惯，这样就能够有效地提高学生的学习动机。

二、启发式教学模式

启发式教学作为高校篮球体育的重要组成部分，对高校学生学习、掌握篮球运动基本知识和技术技能有着重要的指导作用。本书主要介绍启发式教学的基本理论、主要特点，重点分析了启发式教学下的高校篮球教学模式，同时对高校篮球启发式教学的评价方法进行具体阐述。

（一）启发式教学的基本理论

1. 认知理论

启发式教学对高校的篮球教学活动具有重大的意义，它对学生学习篮球的理论和知识以及学习篮球的实践性理论都有很大的指导意义。

（1）加涅的信息加工认知学习论。

该理论认为：教师应以学生的自身学习条件为依据，创造、设计某些适合学生学习的外部条件，让他们能够进行有效学习并实现预期教学目标。另外，在"教"和"学"的关系方面，教师的"教"，是建立在学生的"学"的基础之上的。

现代启发式教学方法，需要在充分了解学生原来认识水平的基础上完成教学，这样才能够更好地激发出学生学习的热情，才能够获得更好的教学效果。另外，还要重视学生学习能力的培养。

（2）布鲁纳的"认知发现说"。

学习的本质，不是被动的填鸭式教学，而是一个主动的过程，学习者应主动建立知识的框架。对于学习者来讲，应当主动地获取各种知识，并且要将所获知识和本身已经具备的知识结合在一起，在脑海当中形成一个框架，积极地建立起属于自己的知识体系。

布鲁纳认为，教学指的是教师将知识转换成为一种使学生自己去感受学习的过程，并且让学生自己梳理出所学知识的框架，并成为学习的发现者。

现代启发论认为，学生才是教学环境的主人，是教学的主体。因此，想要创造一个优秀的教学环境，离不开学生的配合与协助。

（3）维特罗克的"生成学习论"。

该理论以心理学为基础，总结出人类的学习模式。该理论认为学习的过程就是人们将自己已有的知识结构同外界中新接收的信息相整合，自主地创建一个新的认知框架的过程。同时，维特罗克也比较看好让学生进行启发式的教学模式，这里维特罗克所说的启发包括在教学中的启发，也包括在技巧上面的启发。

如果以维特罗克的理论为基础，教学不只是知识的积累、智力和能力的发展，更重要的是让学生学会如何学习。

2. 人本主义理论

人本主义理论的核心就是以学生为中心，一切为了学生，一切依靠学生，尤其强调学生的全面发展，在全面发展的同时让学生愉快地学习知识。

人本主义理论中，教师在面对学生时，应给予充分的理解与尊重，并且要让他们在快乐、自由的氛围中完成学习任务。另外，还要将学生们的学习积极性充分地激发出来，而不是进行强制性学习。当然，人本主义也不是完美的，其对人的综合、整体的全面发展不够重视，而对智育则过于重视。

对于人本主义，教师可取其精华，去其糟粕，争取成为一名促进学生学习的合作者、促进者以及引导者。

（二）启发式教学所具有的特点

在将教师主导作用充分发挥出来的前提下，以学生的认知规律及本学科的规律为依据，将学生的求知欲望激发出来，并将他们的积极性调动起来，从而让学生最大程度获得技能与知识的一种方法，被称为启发式教学。

1. 启发式教学目的观

将学生们的能动性、创造性与主动性淋漓尽致地激发出来，使学生学习的兴趣显著提升，让他们获得全面发展，养成自主学习的好习惯，这是启发式教学的目的。

在高校篮球教学当中，教师应用这种教学模式的目的在于将学生在学习过程当中的主体地位发挥出来，将他们学习篮球的积极性被激发出来，进而做到全面、灵活、熟练地掌握各种篮球技巧。

2. 启发式教学过程观

启发式教学的过程，一方面是灵活多变的；另一方面也是协调统一的。另外，教师应结合自身创设的情景让学生自己发现问题来完成教学。

启发式教学的基本要求有以下两点：其一，加快建成学生的收敛与发散性思维；其二，充分考虑全面发展中的智力和非智力因素。

3. 启发式教学课程观

针对过去填鸭式教学方式所提出的启发式教学，强调的是在教学课堂中，体育教师应当采取各种不同的方式，来引导学生更加独立、积极地进行思考，争取自主获得新知识的一种教学方法。

这种教学方式的实质为：将学生的学习主动性调动起来，引导、启发他们积极地进行自主思考，将他们的内在潜能挖掘出来，进而让外部教学产生内化作用。

在篮球中的启发式教学课程观，主要强调的是教学内容应当从以技术熟练程度为主，转变为以学生自主创新、实战练习为主，这样有助于学生将自己的创造思维充分地发挥出来，从而获得"举一反三"的学习效果。

（三）启发式教学的理论分析

在高校教育改革加速的当下，以往体育教学模式的弊端不断浮出水面，已渐渐不能满足当今的教育方针。

传统的体育教育模式，忽视了对技术效果、目的与时机的传授，而只关注传统技术动作，这样就会造成学生所学的技术无法灵活运用到实践中。针对这种情况，最为关键的就是要改变过去的教学方法，教师要清楚地意识到，不同的教学方法是有不同的运用范围、条件与时机的。积极地研究与探索新的教学方法，以及改变过去的教学思想观念是非常重要的。

目前，高校篮球课程教学的一个全新课题就是如何让学生对学习的内容产生兴趣，如何让学生提升专项技能，如何让教学的效果得到改善，如何让教学方法适应学生自身状况。

在高校篮球教学活动中，培养目标是具有全面性的，因此学生在很多方面都有了明显的改善和发展，同时这种改变和发展也会反馈到教学的过程中。课堂教学除了能够使学生的认知能力提升之外，还对培养他们的情感控制力，增加其情感体验有一定的帮助。

三、"掌握学习"教学模式

（一）"掌握学习"理论的提出

"掌握学习"的概念源于美国著名的教育心理学家布鲁姆[①]。布鲁姆认为，在时间足够长、教学条件满足的情况下，绝大多数的学生都可以理解其所学的知识内容，这是在传统的测评学生学习能力的基础上提出的新的学习观。

---

① 本杰明·布鲁姆（Benjamin Bloom，1913年2月21日~1999年9月13日），是美国当代著名的心理学家、教育家，芝加哥大学教育系教育学教授，曾担任美国教育研究协会会长，是国际教育评价协会评价和课程专家。

（二）"掌握学习"基本理论

"掌握学习"理论的落脚点是每个人都有学习知识的能力。伴随集体授课方式，"掌握学习"的教学模式对学生进行有针对性的教学，尽量保证每个学生都能完成每个篮球学习单元的目标，达到预期的教学成效。除此之外，"掌握学习"理念的价值还在于能够帮助学生寻找合适的方法，减少掌握知识所需的时间，从而增加学生的学习兴趣。

（三）"掌握学习"教学模式理论

在传统的教学模式中，教学成效的评估通常都是根据学生的成绩来进行的，这样一来就会使教师产生一些错误的观点。例如，一个班里，有学得好的学生就一定会有学得不好的学生，这是正常的现象。然而个别教师就只把注意力集中于学得好的学生身上，而忽略了那些学得一般或学得不好的学生，导致一部分学生跟不上教师的教学进程，缺少教师的个别指导，失去了对学习的兴趣。在布鲁姆看来，每个人的学习能力都是与生俱来的，在很多方面表现出来的差异都源自后天的人为因素的影响，而非智力方面的差异。所以如何改进教学模式，帮助学生找到适合的学习方法是现在面临的主要问题。

布鲁姆的研究中还表明认知前提、教学质量和情感前提是影响学生学习效果的因素。其中，认知前提指的是学生在学习一些知识之前就已经掌握的一些基础技能；教学质量就是指教师在讲课过程中设置适当的学习程度，从而达到让学生都能学会的教学目的；情感前提就是指学生在学习的过程中持有的态度。如果学校能够从这 3 个方面出发，根据学生的具体情况有针对性地对教学方式进行改革，会更有利于提高教学的成效。

（四）"掌握学习"教学模式的要点

1. 教学目标的结构性更合理

"掌握学习"进一步明确和细化了教学目标，将其划分为以下几个方面：主动承担学习任务，认识到学生本职所在的情感；明确教材的意义，掌握每个动作的特点、要素，以及发力的技巧；在脑海中搭建动作图像，形成高校篮球"掌握学习"教学模式；根据篮球教学自身特点，建立多层次的目标体系，细化了高校篮球教学的目标。

2. 及时有效的教学评价体系

"掌握学习"教学模式把教学评价大体上分为诊断性评价、形成性评价和总结性评价 3 种，诊断性评价是教师在上课之前查看学生的基本情况，包括技术和身体素质等因素，然后作出评价，以此作为制订和实施教学计划的依据；形成性评价是在授课中对学生在学习和练习中出现的错误动作进行纠正和指导；总结性评价顾名思义就是在课程都上完之后对学生的整体情况进行评价。诊断性评价、形成性评价以及总结性评价三者相互联系、互为因果，共同组成一个完整的体系，贯穿于篮球教学的始终。

3. 兼具集体性和个别针对性的反馈矫正措施

教师进行集体授课，将相关的教学内容传授给学生，学生在对教师授课内容理解的基础上进行模仿练习。在这期间教师仔细观察和分析学生的练习情况并从中获得大量的反馈信息，这种反馈信息有利于教师对学生进行纠错，采取矫正措施。学生在学习过程中各方面身体活动会表现出明显的共性，同时也会存在一些个体性差异，教师通过观察这些共性和个性，设计出更为合理的练习手段，有利于进一步提高学生的篮球技术水平和篮球教学质量。

4. 更重视非智力和非体力因素的影响

"掌握学习"教学模式讲究的是教师的态度要认真，进一步加深师生之间的联络和情感，这有利于为学生学习营造平等、轻松的教学环境和氛围。在这一环境中，学生的团结互助精神及合作精神能够得到明显的培养，进一步激发了学生的学习热情，促进学生学习的动力。让学生养成独立学习的习惯，使学生能全身心投入到学习中，进一步提高高校篮球教学效果。

第三章　当代高校篮球训练研究

篮球训练的目的在于提高球员的比赛竞争能力以及提高成绩。训练研究的规律、方法也是一种理论。在这种理论的基础上，篮球训练就是在指导员的参与下，通过指导员的指导，提高球员技术和成绩的过程。通过训练球员的综合素质和运动技巧，使其在比赛中获得优异的成绩。

篮球训练的内容及组织形式众多，但是都必须紧紧围绕篮球运动的规律和特点来组织实施。随着现代篮球运动的快速发展，篮球教学的内容特征也发生着深刻的变化，需要教师在实践中不断探索和发展。

第一节　篮球训练的任务内容

一、篮球训练任务

篮球训练是在指导员的指导下，球员积极参与，通过持久的训练，提高动作技巧，以及提高在比赛中使用技巧能力的一个过程。篮球训练的主要任务如下：

（1）使运动员了解并掌握篮球的基本常识，锻炼球员的技术水平，包括基本技术和实用性的战略，通过大量的实践和训练使学员对技术和战术的使用达到一个崭新的高度。

（2）培养学生从事参与体育锻炼活动的意识，这是非常重要的，因为对于运动员来说良好的身体素质是比赛获得好成绩的前提。

（3）培养运动员的道德风范，践行体育精神和顽强的拼搏品质，这对于运动员来说也非常重要。

（4）努力培养篮球运动员具有参加比赛的良好心理素质。

（5）在技术训练中将已经掌握的技术动作灵活地组合运用从而转变为"比赛技术"，并使技术符合比赛要求，教师要指导球员转变思想，把握时机、及时调整，化被动为主动。

（6）对于战术的问题，要培养球员积极开展攻守配合，使球员在平时的训练中就能熟练使用每一种战术，并能清晰了解每一种战术的相互联系，在赛场上能做到及时反应，以此来应对突发事件，掌握比赛的控制权，以此来取得优秀的成绩。

（7）比赛的时间非常宝贵，有时甚至一秒定胜负，球员一定要有十分敏感的时间观念。在平时的训练过程中，就要积极主动地培养球员的时间观念，要训练球员注重时间管理的小细节，只有这样到了真正的赛场上球员才会有准确的时间观念。

二、篮球训练内容

为了达到理想的目标，完成教学任务，教师对于篮球训练的内容一定要进行全面综合的考虑，并制订合理的训练计划，大致可以分为如下几点。

（一）身体素质训练

篮球运动技术战术的掌握和运用是以身体素质为基石的，因此，身体素质是一切战略和技巧的前提，在平时的训练过程中就要有意识地加强对身体素质的训练。身体素质是运动员身体各器官的全面协调，包括身体的柔韧性、耐力性等因素。通常情况下，对于不同层次和水平的运动员来说，身体素质训练都是一项重要内容。

1. 力量训练

力量是锻炼身体素质的基础和前提。力量训练的着眼点应放在发展肩、腿、踝、腕、指的快速力量反应以及运动员的爆发力方面。训练中应注意提高运动员神经系统的兴奋与抑制过程、迅速转换的灵活性以及训练肌肉工作迅速收缩和舒张的能力。同时，注意练习的次数、负重量、组数及间隔时间，训练时还要特别注意肌肉的放松，从而提高肌肉的弹性，以利于更好地发展肌肉的力量。

2. 耐力训练

在篮球比赛中对于球员最大的考验就是耐力，比赛中会涉及很多快速奔跑以及其他的高难度动作，球员要想在比赛中发挥完美，就要在平时的训练中加强耐力训练，保持体力充沛。耐力训练过程中要在一般耐力的基础上加强速度耐力训练，加强呼吸节奏；保持动作节奏的协调一致，可作为消除疲劳的恢复手段，使大脑皮层兴奋与抑制有节奏地交替进行，从而使呼吸系统和心血管系统的机能得到发展，为其他几种身体素质的发展提供物质基础。

3. 速度训练

在篮球比赛的有限时间内，速度占有绝对的领导优势。速度训练包括移动速度、反应速度和动作速度3个部分。速度的表现程度取决于人体中枢神经系统的灵活程度，因此速度训练要与身体素质的全面发展同步进行，在速度训练时，应注重突然起动的速度和短距离冲刺的训练。

4. 灵敏性训练

灵敏度是球员在日积月累的训练中锻炼出来的，是球员各个机体充分配合的结果。灵敏性取决于人的大脑皮层神经系统的灵活程度以及人体速度、爆发力等其他素质的发展，也取决于运动员掌握技能的数量和质量。通过灵敏性训练能使运动员在最短的时间内作出最正确的判断。对于灵敏度的训练一定要遵循动作快速、反应敏捷的训练标准，这样在赛场上才能发挥出最好的竞技水平。

5. 弹跳力训练

要想在篮球比赛中获得空中优势，球员就必须做好弹跳力训练。突出强调爆发力的作用是训练弹跳能力的关键，对于弹跳能力的训练是球员的基础训练的项目之一。这就要求球员在平时的训练之中要加强对腿部力量的训练，把弹跳能力与篮球的技巧相结合。根据篮球比赛中采用最多的是行进间单脚起跳的特点，选用助跑单脚跳摸高来反映运动员的弹跳素质的指标一般情况下是适宜的。

（二）思想道德教育

篮球运动员不只需要身体上的训练，也应加强思想上的学习。教师应在篮球教学中，加强思想道德教育，提高运动员的思想文化水平；提高良好比赛意识，尊重比赛规则，树立比赛道德观念。一个团队的球风很重要，团队的品质也尤其重要。这就要求球队的指导员在平时的训练中让球员树立道德风范，树立不怕吃苦，不甘人后、敢为人先的精神品质。从而培养出一支能打胜仗、作风优良的队伍。对运动员的思想道德教育必须渗透到训练实践中去，贯穿于训练过程的始终。

（三）技术训练

一般情况下，技术训练包括基本功和常用基本技术训练。基本功包括手部动作、脚部动作、腰胯动作、观察能力等。技术动作的活学活用是获得比赛胜利的前提和重要保证。篮球相对于其他运动有着极高的复杂性，其动作幅度较大，对球员的身体素质和灵活性要求颇高，对于技术的要求更是严格。因此，技术的熟练程度，在比赛中占据着主体的地位。球员在篮球训练的任何阶段，都不可忽略对于篮球技术的训练和学习。

（四）心理训练

球员在训练以及比赛的过程中，难免会遭受心理上的挫折，加强对球员心理健康的培训是很重要的一个环节。通过心理培训让球员学会控制自己的心理状态，以更好的心态迎接接下来的训练任务或者比赛。指导员可以采用一种积极的心理暗示，使球员改变自己当前的心理状态。

在篮球运动的心理训练中，专项心理训练是重要组成部分，也是高水平运动员现代化训练的重要内容。心理专项训练是对球员人为干预的过程，目的是使其在过度紧张和焦虑的条件下控制自己，并进行自我调整，尽快恢复竞技状态。在进行心理训练的过程中，训练员要根据每一位球员的不同情况进行综合分析，制订不同的心理训练方案。

（五）战术训练

在篮球运动项目中，战术训练显得尤为重要。指导员进行战术训练要从战术意识的养成做起，并积极落实到战术训练的具体方法之中。首先，战术训练要在个人战术意识形成的基础上，确立一套适合本队的攻防战术体系，并逐步渗透到战术训练的各个环节中，不断地加以完善；其次，要合理安排攻击和防守的战术配合问题，把重心放在快攻和人防人的上面，要求在快中求准、在狠中求活、在稳中求变，逐步形成符合本队实际的具有鲜明特点的攻防战术体系；最后，战术训练要与球员的身体、技术、心理、智力等训练有机结合，通过实践逐步提高战术运用质量。因为在实力相当的比赛中，胜负很大程度上取决于战术的选择和运用，因此，在比赛和赛前的专门准备阶段，战术训练是很重要的一项内容。

(六) 智能训练

运动员拥有良好的智能，不但可以有效地对教师的指导进行吸收，还能在比赛中把握时间，抓住机会最后获得比赛的胜利。因此，对智能的训练不可小觑。智能的训练是一个由浅入深的过程，通过各种手段对运动员的判断能力进行训练，也可以通过写训练体会来提高运动员的智能。

篮球训练并不像人们想象中的那么简单，而是一个十分复杂的过程。球员的身体、心理、道德等全面发展才是篮球训练的本质。多种关系缺一不可，任何一个方面的缺失都会影响训练的发展和进程。

第二节　篮球训练的基本方法

一、重复训练法

无论什么训练，都要经过反复练习才能达到最高的境界。篮球训练也是如此，重复训练法是指在相对固定的条件下，教练员为有效地巩固提高运动员的身体机能和技战术动作质量，按照一定的要求反复进行同一动作的训练方法。重复训练法要求把握训练次数、训练强度、训练时长，以及把握每两次训练之间的休息时长之间的关系。

二、比赛练习法

进行单一的训练是不可取的，运动员要尽早适应比赛的节奏，在平时的训练中要进行模拟赛场的训练。通过比赛练习的方法，运动员不但可以快速适应赛场环境，也可以对其所学习的技巧和战术进行检验，看运动员是不是真的做到了理论联系实际，能把自己所学的技巧和战术问题非常灵活地应用于赛场之上。比赛训练法是培养球员快速成长的重要一环。

三、间歇训练法

间歇性训练法就是在一次训练之后，在身体没有完全放松的情况下，紧接着就开展下一次的训练。它与重复训练法有着共通之处，都要在两次训练之间进行休息之后才开始下一次的训练。但相比于重复训练法，间歇性训练法对两次训练之间所休息的时间有一定的要求。间歇性训练法要控制在运动员的身体没有完全恢复的情况下，而重复训练法则要在运动员的身体完全恢复后才可以进行下一次的训练。这是二者的本质区别。就训练量而言，间歇性训练的训练量可以有变化，但重复训练的训练量不会有很大变化。

在间歇性训练中要注意训练的时长、训练的强度和对训练间隙时间的把控，从而达到最佳的训练效果。根据这些因素，可以组成不同的间歇训练方案。

四、综合练习法

综合练习法是指教练员针对训练所要解决的某些关键问题，将几种练习方法的特点有机结合形成的一种训练法。通过该种训练方法，增加被训练人员的练习频率，使其对战术的理解更为透彻，战术意识更加强烈。教练要加深对练习质量的把控，抓住训练的关键，解决运动员在训练的过程中遇到的问题，合理安排训练作息。

五、游戏训练法

游戏训练法顾名思义就是通过游戏的形式对运动员进行训练，球员一边学习一边游戏，充分激发学习热情。篮球本身就是一种游戏，所以应鼓励球员不要把篮球比赛想得过于复杂，通过游戏的形式合理安排课程，达到玩中带学、学中带玩的教学目的。

六、分解训练法

分解训练法是指教练员把完整的动作或战术配合，合理地分解成若干部分或几个段落，要求运动员逐个进行学习和掌握的训练方法。分解动作就是将动作进行分解处理，一般这样的动作难度比较大，技术性比较强，需要在教师的演示和帮助下完成，进而指导运动员进行跟进模仿。主要分为以下两个方面。

简单的分解训练法是指比较基本的分解训练，把一个复杂的动作进行拆分，然后分别教学，使学生了解并学习各部分的知识，然后再进行完整的练习。

顺序分解训练法是指把一个复杂的动作按一定的顺序进行分解，只有在训练完第一个小动作之后才可以进行下一个动作的学习。这种方法类似于上楼梯要从第一节楼梯开始爬起，在下一次的训练之中往往用到上一步的训练内容。

七、变换训练法

在重复训练和循环训练中单一的训练模式往往会使运动员产生厌烦情绪，而变换训练方法，是指通过变换训练的内容和模式等，使运动员不断产生新鲜感，从而增加训练的动力。

变换法突出一个变字，通过这种改变，运动员的应变能力会有所提高。因为在实际的比赛中，赛场的形式是千变万化的，通过变换法的训练使运动员的中枢神经时刻保持紧张的状态，刺激大脑的紧张程度，从而适应赛场的变化环境。这种训练的方法比较接近于实战，在实际的训练中常被广泛采取。

第三节　篮球运动的训练理论

一、周期训练理论

周期训练理论是篮球训练理论的基础理论，通俗来讲就类似于循环训练和重复训练，以一定的周期为基础进行有规律的训练，周期可大可小，可长可短。以周期为基础来安排训练就能把训练任务、方法和手段系统化，并能保证其连贯性。

在篮球的训练过程中，周期训练理论是制订计划的前提。周期训练理论是人们在长期的实践生活中总结出的结果，其依据是训练适应性的形成规律、竞技状态规律、发展规律、疲劳与恢复规律。在周期的训练过程中，运动员看似是在一味地循环训练，但透过现象看本质就会发现，每一次的循环都能使运动员的技能更加熟练，竞技能力与水平不断提高。

二、训练调控理论

（一）超量恢复原理

所谓的超量恢复就是人体在运动过后，在恢复期间，被消耗的能量不但能恢复到原始水平，并且超过原始的水平，达到超量恢复的效果。在篮球的训练过程中，超量恢复的训练方法占据着非常重要的地位，被教练员广泛运用。通过对每次恢复时间的把控，充分考虑人体的恢复速度以及恢复定律，使人体所消耗的能量得到恢复，并达到更高水平，从而达到更好的训练效果。

（二）运动负荷训练原理

运动负荷是指运动训练中，运动员机体承受运动刺激，并由此产生机体内部生理效应和心理效应的一系列变化过程。运动负荷具有以下几个共同特征：

第一，运动负荷具有其自身的目的性和选择性，在实际的训练中要做到具体问题具体分析，根据训练的目的进行合理安排。

第二，运动负荷可以由定量的运动量和运动强度组合而成。

第三，运动负荷在不同身体素质的运动员身上所体现的结果也是不同的，在实际的训练之中要做到不同的人有着不同的分析方案，作出差异化的运动任务安排。

第四，负荷量的定量化，可以由比较简单的大、中、小来表达，也可以由具体的训练量表达。在篮球的训练过程中，负荷量的定量化也同样占有很重要的地位，可以准确显示负荷的准确性和标准性。

第五，负荷要做到及时地反馈处理，对训练过程中的各项指标都作出详细记录，然后形成图表等可视化的分析模式，进行评价和及时调整。

第六，负荷不是一个一成不变的过程，时刻都处于动态变化的状态，负荷随着时间可以发生改变，可以出现周期的变化，即使有时看似没有变化，但也处于一个动态平衡的过程之中。

（三）恢复性原理

人体的身体恢复过程基本大同小异，但恢复的时间却千差万别。在篮球的训练过程中，教练要充分把握每个学员的差异性，针对不同运动员身体素质和恢复能力的差异性，进行合理安排，达到最佳的训练目的。本书把恢复训练类型大体分为完全恢复和不完全恢复两类，完全恢复就是运动员在每次训练之后进行完全的身体恢复，然后再进行下一次的训练；不完全恢复就是在一次训练后身体在恢复大部分的情况下进行下一次训练，主要考验运动员的耐力、力量、意志力等方面。

（四）应激性原理

应激反应是人体在面对外界的刺激时，不自主地作出相应保护性动作的过程。在比赛和平时的训练中，运动员依靠人体的应激反应，可以提高身体各种激素的代谢过程，尤其是肾上腺激素的代谢，以此来调整细胞活性，加快代谢过程。在球场中，应激反应也经常发挥重要作用，在出现突发情况时，能够帮助球员及时应对场上变化，发挥高水平的竞技状态。所以这种应激的原理在篮球这项运动中也发挥着重要作用。

第四节　篮球运动的负荷安排

一、篮球运动负荷的基本要素与特征

（一）运动负荷的基本要素

运动负荷由 3 个方面组成：运动负荷强度、运动负荷时间和运动负荷积分。看似毫无联系的 3 个方面，却有着千丝万缕的关系。

1. 负荷强度

负荷强度指的是人体在一定的运动负荷刺激下所发生反应的程度和强度的大小。总体而言，运动强度和负荷强度成正比例的关系，即运动强度越大，产生的生理负荷也会越大；运动强度越小，产生的生理负荷也越小。

2. 负荷时间

本书中的负荷时间是指负荷从始至终所持续的时间长度。但受到多种因素的影响，比如训练前准备，以及训练后恢复阶段人体生理机能需要恢复的时间，实际上运动负荷所作用的时间要远远长于运动时间。但一般情况下，负荷时间要设定为运动员接受负荷的时长。

3. 负荷积分

负荷积分是一个变化函数的过程，是生理负荷强度和时间的函数。负荷积分是运动员身体素质和生理负荷潜力的重要指标，负荷积分越大身体素质和生理负荷潜力越大，反之越小。

（二）运动负荷量的决定因素

运动负荷量主要由运动强度、运动时间和负荷等因素构成。而运动时间与运动强度、负荷反应都成反比关系。如果运动强度越大，它所引起的生理负荷反应就会越大，运动持续的时间也会相应缩短，负荷积分值也会相对较小；如果运动强度较为适宜，那么它所引起的负荷强度反应相对较大，并且能够持续最长的运动时间，所产生的负荷积分值也会最大。但从运动负荷反应来看，不同的个体对于同一运动强度的刺激也会产生不同的反应。

（三）篮球运动负荷的特征

1. 负荷水平的极限化

在进行篮球运动训练的过程中，如果机体所承受的训练负荷没有达到最大的承受能力水平，那么运动员身体机能、技术、战术水平也就很难得到相应的提高。只有通过各种身体、技术和战术练习给机体最大的刺激力度，才能使运动员的机体更加强劲，通过一次一次的刺激使机体产生肌肉记忆，然后在下一次同样动作到来的时候进行有力的回应。这也是开发运动员身体机能的一个良好途径，从而使运动员尽早适应比赛环境，并取得良好的比赛成绩。

2. 负荷量度的个体化

由于人的个体化差异以及人体存在复杂性，这就要求教练员要针对每个运动员的个体实际情况来对个体和整体的适宜负荷进行确定。

3. 负荷内容的专门化

篮球运动技战术水平的不断提高，对运动员的训练提出了更高的要求。专门化的负荷训练，其内容并不是只针对篮球运动本身，而是要求所采用的运动负荷内容要促使运动员的身体素质、技战术水平得到不断提高。

4. 负荷水平的动态化

对于运动训练负荷，运动员有着非常强的适应性，对于原有的运动负荷，机体在产生适应之后，原有的负荷就失去了对机体的刺激作用。此时，只有使负荷水平不断增加，才能更好地促使机体的能力得到不断提高。不管是从个体发展还是从负荷发展的总趋势来看，负荷水平都是在动态变化中不断提高的。

二、合理安排运动负荷

从传统训练观点的角度来看，只有通过进行大运动量、高强度的训练，才能促使运动成绩得到提高。

多项研究表明，运动员的比赛水准和训练的负荷有着极为对应的线性关系。有相当一部分优秀运动员在比赛训练过程中，他们的比赛成绩和训练量以及负荷强度是线性对应的关系，随着运动量和强度的加大他们的成绩也越来越好，两者之间的相关系数也是非常高的。但是，如果只是一味地追求大强度、大运动量的训练就有可能导致发生运动损伤，这就过早地扼杀了运动员的发展潜力，从而给运动员竞技水平带来不利影响，这就要求在训练过程中对训练负荷进行控制和监测。

（一）合理安排负荷的基本要求

依据机体在适宜负荷下的生物适应现象和过度负荷下的劣变现象，教师在篮球运动教学和训练课中进行运动负荷的安排要遵循适宜负荷原则，其基本要求如下：

（1）能够更好地促使运动员技术水平的发展以及比赛能力的提高。

（2）综合考虑球员可以接受的负荷量的范围。

（3）全面促进球员各项能力的发展。

（4）把握负荷量和训练强度的比例关系。

（5）负荷的规律要与课程相匹配，以达到最佳的训练效果。

（二）科学探求负荷量度的临界值

负荷量度的临界值不是一成不变的，随着运动员的成长、比赛水平的提升、技术的成熟，运动员的负荷量也会发生变化。而且在同一个运动员训练的不同阶段，运动员的休息情况、健康情况和心理素质都是负荷量度界限的影响因素。我们在测定负荷量界限时一定要遵循科学的原则，进行准确的测量。目前来说，在人们还未能完全认识和把握负荷极限的情况下，要注意保留余地，从而有效避免出现运动损伤和过度疲劳。

（三）科学安排教学与训练课的运动负荷

1. 训练课的负荷

在篮球运动训练中，教师对训练课的训练负荷进行合理、科学的安排，能够获得更为理想的训练效果。因此，在针对篮球运动训练课进行训练计划的制订时，要做到以下两点。

一是训练内容方面要具有足够的难度和要求，从而使训练内容能够成为有效的刺激因素，从而更好地促进运动员运动机体能力得到不断提高。

二是要保证训练计划能够适应运动员的机能状态和训练水平。

此外，在做好以上两点后，还要注意以下两点要求。

一是在疲劳逐渐加重的情况下，要保障运动员训练达到一定的训练量，这样才能使运动员机体达到极限负荷量的同时，给予机体所需要的应激性和较高的训练效应。

二是在运动员有机体出现明显疲劳的情况下，训练活动所持续的时间不要太长，这样能够有效避免对运动员的技术训练水平产生不良影响。

2. 体育课的负荷

对于一般人来说，心率保持在 120～140 次/分钟，此时的运动强度为最佳，能够获得理想的健身效果；当心率低于每分钟 110 次时往往达不到训练的效果；当心率达到每分钟 130 次的时候一般是正常人最佳的训练水平，训练效果最佳；当心率达到每分钟 150 次以上时，由于心脏的脉搏输出量降低，此时的训练效果则不是很好，有时还会适得其反。大量的实验表明，心率在 110～150 次/分钟时运动效果是最好的，但如果把心率控制在 120~140 次/分钟则为最佳的训练区间。

中等强度和高密度是适合高校篮球运动教学课的运动密度和强度趋势。教师要对篮球课进行精心准备，进行精炼、简明扼要、生动地讲解和准确、恰当的示范，避免将篮球教学课视为教师讲解课或示范课，鼓励学生有更多的时间参与锻炼，才能使学生在愉快的氛围中得到更为充分的锻炼，促进学生身心得到更为全面健康的发展。

第五节　篮球运动的教学组织

一、篮球课的组织要求

（一）加强学生的理论知识学习

1. 加强学生的思想政治教育

在对篮球运动教学与训练的任务和目的进行明确之前，一定要对学生的思想政治教育给予充分重视，充分调动学生参与篮球运动学习和训练的积极性，以进一步提高学生的责任感和荣誉感。在篮球运动教学中，教师需要完成很多工作，主要有以下几种：

（1）要始终贯彻严格训练、严格要求。

（2）及时发现教学过程中学生存在的问题，并针对问题提出正确、有效的解决方法。

（3）在学生完成各个训练任务后要给予一定的激励和鼓励。

除此之外，教师要强调对于实践的理解和把控，要把部分教学任务落到实处、充分调动学生参与篮球运动学习和训练的积极性，能够为实践提供科学指导。

2. 重视学生良好品德的培养

在教学过程中，教师要始终坚持、全面贯彻党的教育方针，对学生顽强的意志品质和高尚的思想道德进行培养，这是作为一名优秀的学生所必须具备的素质。此外，要根据每个学生的个体差异和实际情况，选择适宜的训练方法，向学生传授篮球运动的基本理论和技术，不断提高学生的综合素养，增强学生体质。另外，每一次课都要做到承上启下，加强课与课之间的相互联系，只有如此，才能更好地保证篮球教学的系统性和完整性。

（二）加强学生的实践练习

1. 合理选用训练方法

篮球运动教学具有自身的特点，只有在组织方面采取有效措施，才能保证教学任务得以顺利完成。但由于学校在客观条件方面存在差异，会导致所采取的措施也不尽相同。比如，有的学校场地、器材少，班级的人数又多，这就要求在组织练习时，要坚持从实际出发，灵活采用各种练习方法，在保持一定运动量的基础上，达到调动和提高学生积极性的目的。

2. 加强学生的合作意识和集体意识的培养

篮球作为一项对抗性、集体性的运动项目，在篮球运动练习和比赛中，学生常会出现一些思想作风问题、违反纪律问题等。这就要求学校在篮球运动教学中，要重视对学生进行思想方面的教育，对学生的思想和作风进行严格要求，防止学生出现负面的行为和现象，以保证在和谐、合作的环境中开展篮球运动教学。

二、篮球课的组织方法

篮球课堂教学的组织与管理主要是通过以下几种方法来实现的。

（一）课堂常规

课堂常规是进行课堂管理的重要依据，对教师和学生都有着相当的约束力。教师在篮球运动教学课堂管理中，应对课堂常规管理给予高度重视，并根据相关规定，严格制订学生的课堂考勤、语言行为等规则，并始终进行贯彻。此外，对于课堂常规的相关规定和要求，教师也要进行严格遵守。

（二）课时结构

在篮球运动教学课中，在遵循课堂教学客观规律的基础上，教师要针对课时结构顺序采用不同的管理方法和措施，以避免出现课程混乱现象。此外，在面对突发事件时，也要采取果断而有效的措施。

（三）发挥学生干部的作用

教师在对班级进行组织管理时，要注意采用一定的方式和方法。对于教师来说，班干部和技术骨干是其进行课堂管理的得力助手，要进行精心培养，为促使他们组织管理能力的提高创造有利条件，并在班级里帮助他们树立起威信，从而真正发挥助手的作用。

在篮球运动教学中，由于练习相对较为分散，教师在进行管理工作和照顾学生方面存在较大的难度，这就需要教师培养一些学生骨干，以协助小组同学进行分组练习。在小组中，学生骨干能够起到带领、组织、帮助小组同学进行练习的作用，这样既能够帮助教师顺利开展教学活动，顺利完成教学任务，又能够促进学生骨干进一步提高分析、组织和管理能力，提高他们发现、分析和解决问题的能力。

第六节　篮球运动的实践指导

体育教学过程涉及备课、课堂管理和课后总结3个方面。下面分别对这3个方面的教学实践进行科学研究，以便为教师提供科学理论指导。

一、备课

对于教师来讲，备课是其必做的功课。在备课的过程中，教师要做好以下6项工作。

（一）认真钻研教材

通过对教材进行认真钻研，能够更好地帮助教师对篮球运动教学课的内容进行合理把握，并根据学生的实际情况来选择适宜的教学内容。具体来看，教师应做好以下几方面工作：

（1）对篮球运动教学大纲进行研究，根据本学科的教学总目标以及各个单元、每次课的具体教学目标来更好地学习和领会篮球运动教学的基本要求，准确把握篮球运动教材体系的深度和范围。

（2）对于篮球运动不同的教学内容，教师要进行有针对性的筛选，同时研究所选定的多项教材中的难点和重点，把握前后的联系，做好总结工作。

（二）深入了解学生

在篮球运动教学中，学生是教学的主体。在篮球运动教学课实施的过程中，只有做到将课堂教学活动与学生的具体实际和需要相符合，才能更好地促进学生的发展。这就要求教师要全面了解学生，包括学生的身体健康、基础知识、运动能力水平、认知能力、个性特征、学习态度、兴趣需要等。

（三）选择教学方法

在进行篮球运动教学备课的过程中，教师要根据篮球运动教学的任务要求、教材的具体性质、学生的具体实际以及学校现有的场地器材条件等，对篮球运动教学中所使用的课堂教学方式进行合理设计，并确定好篮球运动教学活动的具体类型和结构。

（四）正确编写教案

教案是教学的灵魂所在，在教学的过程中教案的作用不容小觑，教案体现了教师对教学的理解能力，需要通过对学生的综合能力考虑和对教学目标的全面解读来制订教案。在体育的课堂上，教案则更加重要。教师积极准备课程的最终目标就是编写教案。

教案由教学目标、教学内容等方面综合组成。场地的选择、器材的使用等因素都对教案的好坏有着重大的影响。

在进行教案编写的过程中，为了更好地保证教案的可行性和质量，教师必须重视以下4个方面：

（1）教案的编写要以教学大纲的具体要求和学校的相关规定作为依据。

（2）体育教师要对学生的具体实际情况进行如实详细的记录，如体育基础、体能素养、伤病情况等，同时要考虑到场地、器材的实际情况等。

（3）教案的编写必须要符合规范，在详略程度方面要做到合理。

（4）在备课时，要做到语言精练、准确，正确运用教法。

（五）设计教学过程

教学过程具有双面性，一方面是一个认知的过程，另一方面是提升运动员全面发展的过程。教学过程是为了能够促使体育教学目标的顺利实现而计划和实施的。

1. 篮球运动教学过程设计的原则

在对篮球运动教学过程进行设计的过程中要遵循以下 5 个原则：

（1）发挥教师主导作用原则。

在篮球运动教学中，教师的作用是知识的引导者，教师对知识进行编码，然后指引学生学习知识。在这个过程中教师不应只是简单地讲解知识，而是要对学生的知识掌握程度进行指导和把控，引导学生能够自行、主动地获取知识和培养能力。

（2）以学生为学习主体原则。

学生在篮球运动教学过程中的主体作用主要表现为，对学生的学习积极性进行充分发挥，使他们能够拥有更多的参与机会，使师生之间的双边活动得以活跃，从而促使学生能够从过去的被动接受知识转变为主动获取知识。

（3）体现篮球教学方法原则。

篮球教学方法是为了更好地实现学校篮球运动教学目标，体育教师和学生共同采取的方式。其中主要包括体育教师教的行为和学生学的行为。在对篮球运动教学方法进行选择时，必须要考虑篮球运动的专项特点、学生特点、具体的教学目标和所选用媒体的特点。

（4）教学媒体优化原则。

要想在篮球运动教学过程中充分发挥教学媒体的系统功能，就必须将多种媒体进行组合，形成更为优化的结构。这就要求教师要对各种媒体的优化组合进行考虑，使各类媒体各施所长，互为补充，相辅相成，为提高学生的学习兴趣服务。

（5）遵循学生认知规律原则。

在篮球的教学过程中，学生占据中心地位，因此教师要综合考虑学生的认知水平和规律，以学生的观点为出发点，创造符合学生认知的教学体系，以此来达到最佳的教学效果。随着年龄的增长以及知识经验的积累，学生的认知能力也会随之提高，这就要求教师在篮球运动教学设计的过程中要对这一点进行充分考虑。

2. 篮球教学过程的设计

篮球教学的过程设计就是把原先复杂的教学拆分为几个比较简单的教学的过程，通过这个过程使学生更加理解知识，对知识的掌握更加熟练。这既能够对教学过程进行优化，同时还能够保证教学过程得以有序开展。大多数体育教学内容的操作过程都可以使用流程图来表示。

我国高校篮球运动课堂教学过程中，练习型、示范型、探究发现型是教学过程设计常用的3种形式，具体内容如下：

（1）练习型。

这种类型的教学过程主要以篮球运动技能的练习为主，在具体操作过程中，教师需要借助于媒体进行动作示范，将动作的路线、结构等主要动作要领，以及动作变化发展过程传授给学生，学生通过观察和模仿，掌握基本的动作要领。

（2）示范型。

对于那些需要进行运动实践的体育教材内容来说，示范是教师在设计体育教学过程中必不可少的手段和途径。示范教学过程在篮球运动教学中有着非常广泛的应用，该类型的教学过程能够将篮球运动教学以身体活动作为主要形式的学科特点充分体现出来。

（3）探究发现型。

探究发现型在篮球运动教学中主要用来组织学生进行观察、思考、探究原因、寻找规律等，这是教学生学会体育学习的主要教学方法，表现为某一动作技能的结构或原理等，通过探究可以促进学生学习的积极性，使学生遇到问题时，具备独立解决问题的能力。

（六）准备场地器材

对于体育教学活动来说，场地器材是基础，篮球运动教学同样也是离不开教学场地、器材、设备，这些都是开展篮球运动教学活动非常重要的资源。在组织开展体育课前，体育教师要准备好课上所要使用的器材、场地。此外，针对场地和器材，教师要认真规划场地，科学布置器材。

二、课堂管理

通常来说，课堂教学是学生学习篮球运动基本理论知识的重要途径。因此，教师加强篮球运动课堂管理有着非常重要的意义。下面就篮球运动教学课堂管理进行详细阐述。

（一）课堂管理的目的与要求

1. 篮球运动教学课课堂管理的目的

高校篮球运动教学课有着非常明显的课堂教学管理目的，主要体现为：向学生传授篮球运动文化、基本理论知识和技战术等，同时，培养学生参与篮球运动锻炼的兴趣、积极性和主动性，进一步提高学生的活动能力和身体健康素质，培养学生的终身体育观念和意识，从而为社会培养全面素质的人才。

2. 篮球教学课课堂管理的要求

针对篮球课堂教学管理需要做到相关的一些基本要求，主要涉及以下3个方面：

（1）突出篮球教学管理特色。

篮球运动教学管理应突出以下4点：

一是在思想层面上，要将校内的教育和社会的教育有效结合起来，让学生养成终身学习的习惯。

二是在内容方面，篮球要做到国内和国外的有机结合，形成具有民族特色的篮球文化。

三是在宏观层面上，要做到统一和特色的有机结合，发挥篮球的灵活性优势。

四是在体育教学评价层面上，要做到大小评价的有机结合。

（2）加强教学管理的科学性和专业性。

篮球运动教学活动包含很多内容，具有非常强的专业性。因此，在篮球运动教学过程中，体育教师要准确把握好篮球运动教学机制，进行渗透化管理，同时还要定期或不定期地检查篮球运动教学管理的效果，从而建立起科学有效的篮球运动教学管理机制。

（3）检测篮球教学的质量和效果。

对篮球运动教学课堂加强管理，其目的就是促使篮球运动教学的效果和质量得到有效提高，要求既要在整个篮球教学活动过程中进行落实，同时还要在高校篮球运动教学管理的所有环节进行有效落实。

此外，体育教师在篮球运动教学过程中要充分发挥自身的管理主体作用，控制好其他的教学因素，以保证篮球运动教学活动得以顺利开展。

（二）课堂教务管理

1. 编班

编班是高校篮球运动教学中进行教学管理的重要内容之一。篮球运动教学要参与到具体的编班过程中，并且要将篮球运动专项的特点和学生的学习与发展要求充分体现出来。此外，编班要结合每名学生的具体实际情况来进行。

具体来说，在篮球教学课程的编班过程中，应对以下事项引起注意：

（1）混合编班是我国目前高校所采用的主要形式。在进行混合编班的过程中，学校要针对各班不同体育基础的学生以及男女学生按比例尽可能地安排妥当，更好地保证学生得到共同发展。

（2）在进行编班的过程中，要对每个学生的篮球技能水平和运动基础进行充分考虑，以更好地对不同班级的学生进行合理分配。

2. 安排课表

在安排篮球教学课表时，为了保证课表的可行性和合理性，需要对以下几个方面引起注意：

（1）作为一项教学活动，篮球运动教学主要是以肢体活动为主，这就需要学生能够在活动中保持高度的注意力，因此在对篮球运动教学课表进行安排时，最好将课安排在上午的第三节和下午的第一节和第二节。

（2）要将每个班每周各个体育课之间的时间间隔控制在合理的范围之内。在安排篮球运动教学课时，还要对其他体育项目的课程时间进行安排。

（3）如果教学的进度相同或者内容一致，可将不同的班级统一起来上课，但是要对教学人数进行有效控制。

（4）对场地器材进行有效的布置和使用，同时还要注意做好器材的保养工作。

3. 有效控制课堂教学

通常需要以下 2 种方式有效控制课堂教学：

（1）体育教师的课堂管理。

体育教师既是篮球教学中的教学者，同时也是管理者，做好篮球运动教学课堂管理工作是促使篮球运动教学质量提高的重要基础。在篮球运动教学课堂管理方面，体育教师的主要工作包括：建立课堂常规，抓好思想政治工作，调动学生的积极性，进行合理分组，运用多种教学方法和手段，掌握好运动密度和强度，使用运动场地和器材，采用各类安全保护措施，以及统一教师和学生的服装要求等。

篮球运动教学目标的顺利实现是以篮球运动课堂教学活动顺利开展为前提的，这也是整个篮球运动教学计划得以完成的重要基础。这要求体育教师要高度重视篮球运动课堂教学的控制。

（2）高校对体育教师的上课管理支持。

在教学中，课堂授课是教师开展教学和学生学习知识最为重要的形式，高校管理者要对体育教师提供相应的支持，更好地促进体育教师顺利完成课堂管理。

在目前的学校体育教学管理系统中，学校要充分发挥控制职能，以一定的机构作为基础，但控制机构在体育课堂教学控制过程中并不是单独存在的，它与体育教学部、器材室、教研组等组织机构密切相关。但这样做，会造成一个组织机构承担了过多的职能，在体育课教学控制方面会造成一定程度的阻碍。这就要求高校相关管理部门要像其他文化课程一样，给予体育课教学同样的支持和关心，并提出相关要求。高校相关部门及领导应积极主动地深入课堂，对体育教师的教学情况进行充分的了解，进一步加强对体育课的检查与督导力度，同时，应积极组织示范课、公开课、研究课等多种课型，并对其进行深入的探讨。对于体育课，高校要尽可能地提供必要的条件，使体育教师能够更好地解决教学过程中所遇到的各种问题，为体育教师创造出良好的教学环境，进一步促进教学水平的快速提高。

具体到篮球运动教学课的管理来讲，对篮球课堂教学的控制一定要职责明确、责任到人，充分发挥教师在篮球教学管理和篮球教学过程控制中的作用，给予教师一定的管理权力和管理弹性。

（三）教学训练管理

1. 个人训练管理

个人训练的主要目的是提高学生对篮球技战术的掌握和熟练程度，进一步改进个人技术动作的缺点和不足，发展个人的各项运动素质和能力。对于集体训练来说，个人训练是对其的补充和辅助，通过启发学生进行独立思考和反复实践，使其更好地领悟篮球运动技战术的规律和运用技巧，逐步形成自身的技术风格。此外，需要注意的是，教师在对个人训练进行安排的过程中，要结合学生的实际情况、教学目的和教学任务等，进行有针对性的安排，以保证获得更为理想的训练效果。

2. 班级训练管理

一般来说，学校体育运动方式大多都是以班为单位的，在班的基础上再分成很多的小组，每个小组都带有一个或多个小组长，运动就是在小组长的带领和指导下进行的。因此，这就要求班主任和体育教师要合理指导并管理班级体育训练，从而使班级体育训练取得良好的效果。

目前，在时间、内容、生理负荷和组织等方面，班级体育锻炼都提出了很多具体要求，这就要求在组织班级篮球运动教学训练时，以及在选择篮球运动教学内容时，要将其与训练结合起来，以保证学生学习的有效性。

对于学生来说，早操是体育训练生活的一个重要环节。其主要作用是消除身体疲劳，增进健康，并在生理和心理方面为当日的训练任务做好准备。此外，还能够进一步增强运动器官的负荷能力，对技术动作进行强化和改善。在早操内容选择方面，教师可以考虑将篮球运动的一般体能训练纳入其中，鼓励学生积极学习篮球，具体要根据训练任务、目标、客观条件以及学生的实际情况等进行有针对性的选择和运用。这里需要注意的是，要合理安排适宜的早操运动时间和运动负荷，否则会影响学生学习和篮球教学课中的专项运动训练。

（四）意外事故管理

篮球教学，是以身体练习作为主要内容的，所以在教学过程中很难避免出现一些运动损伤和运动疾病，甚至发生意外伤害事故。这就要求教师在教学过程中要加强对学生意外伤害事故的管理。

当发生意外事故时，教师要沉着冷静，作出最正确的判断和抢救措施。对于不同原因造成的事故作出不同的解决措施和应对办法，同时要对同学的受伤情况进行分析，轻伤和重伤也要采取不同的解决措施，对于重伤者要及时送至医院进行抢救。

在事故发生之后，教师应第一时间把事故时间、地点、原因、后果与处理措施等具体情况及时汇报给学校负责人，以及上级部门，同时要填写相关的报告。在填写报告时务必要做到内容属实，有些特殊的事故要提供人证、物证。

三、课后总结

（一）课堂情况总结

对课堂任务完成情况进行总结是课后总结最为重要的工作，其中主要包含以下内容：

首先，对本次篮球教学课的任务完成情况、教学内容完成情况、课堂组织的合理性、内容安排的合理性、时间分配的可行性等进行总结。

其次，对在本次篮球教学课中教师的执教情况进行总结，并对教师的教态、讲解示范效果、教学方法、教学方法对完成课的任务的得失进行分析。

最后，对本次篮球教学课中学生的学习情况进行总结，内容包括学生是否按教师的要求完成了计划规定的练习内容，掌握知识、技术、技能的有效程度如何，有多少学生能初步学会，或基本学会、基本掌握所学内容。

（二）发现教学问题

1. 教师的自我评价

教师客观、全面地评价自身在篮球教学课中的具体表现，在进行具体评价过程中要考虑以下两个方面：

（1）是否合理地组织队列、调队。

（2）在讲解和示范动作中是否存在问题，包括示范位置、教学进程、内容顺序、对错误动作纠正等，有哪些没有解决的问题。

2. 对学生的评价

在评价学生的过程中，能够找出篮球教学课中存在的不足和问题，具体内容如下：

（1）在课堂上，学生的练习积极性、组织纪律性。

（2）在练习中，学生普遍存在的问题和个别存在的问题。

（3）学生的接受能力以及掌握和理解能力等。

（三）提出改进对策

通过对课堂情况的总结，结合教师的自我评价和对学生的评价，提出改进对策如下：

（1）针对篮球运动教学的内容、形式、手段、练习方法等方面，要广泛收集和分析意见，从而为接下来的篮球运动教学提供参考依据。

（2）结合课堂时间分配、练习强度、课的密度等方面，以及学生课上的表现来进行分析，为接下来的篮球运动教学提出改进设想和对策。

（3）结合教师讲解、示范动作、示范位置对学生学习效果的影响，为更加充分地发挥教师的主导作用提出改进措施。

（4）对于本次篮球教学课的内容，要分析学生的认知、理解、学习情况，为今后更加合理地安排篮球运动教学内容提出良好的建议。

第四章 当代高校篮球技术教学

篮球技术是篮球比赛的基本手段，不仅是篮球运动员竞技水平的体现，同时也是一个队伍整体实力的体现，在获得比赛优势方面发挥着重要的作用。篮球要想发展，技术一定是排在首位的因素，技术的创新发展是篮球运动进步的有效推动力。纵观篮球的发展史，篮球的每一次飞跃性进步都跟技术的变革有着千丝万缕的联系。篮球运动从产生到今天，经历了由简入深的过程，篮球技术也逐渐走向现代化。对于篮球这一项运动，运动员熟练掌握和使用篮球技术是获得比赛胜利的关键。教练员应鼓励球员能够创造性地运用各项技术，而技术的创新又必然促进战术的发展，从而推动篮球运动的不断发展。只有将高超的技术动作与精妙的战术配合相结合，才能在比赛中表现出运动员的水平。在篮球比赛中，双方队伍进行攻守轮回的打球和发球，篮球的技术因此也分为进攻型技术和防守型技术，进攻型技术包括移动、投球、运球等动作，防守型技术包括断球、抢球等动作。进攻和防守是一个平衡的过程，任何一支球队及球员都要深刻掌握进攻和防守技术，才能确保比赛的胜利。

第一节 篮球技术原理的基本概述

一、篮球技术定义

在长期的篮球技术教学、训练、比赛实践过程中，人们对篮球运动中技术概念的理解经历了由浅入深，由感性到理性，由片面到全面的认识过程。现在被大家所普遍认同的是篮球技术是运动员为完成进攻与防守所采用的动作方法的总称，是篮球运动员竞技能力水平的重要决定因素。篮球技术包括移动、接球、传球、运球、投篮等一系列动作，或者是由以上一个或两个动作组合而成的动作。在篮球这项运动中，每一个技术动作都要符合人体结构力学的标准，不可以出现空想的、不切实际的、不符合人体运动学的动作。但不同的球员对篮球动作的掌握程度是不同的，每个人的技巧熟练方面也不尽相同，因此要做到根据每个人的特点因材施教。

二、影响篮球技术提高的主要因素

篮球运动中技术发展是一个实践的过程，受到多方面因素的影响和制约，比如运动员综合素质、竞赛规则的变化、攻守对抗的激烈程度；比赛与交流的频率、市场经济效应以及理论水平的发展与现代科技的进步等带来的训练方法手段的变革。

（一）运动员综合素质因素

运动员的综合素质因素发展直接推动着技术的变化和提高。比如，运动员身高的增长，身体素质、智力与心理品质、意志品质等综合素质的提高，都是篮球技术提高的基础。而良好的身体素质是运用技术的基础，身高是发展高空技巧的有利条件。身体素质与身高的结合，尤其是高大运动员速度和灵活性的统一是现代篮球运动发展的必然趋势。当代球员的身高、速度等各方面的身体综合素质等因素都与前十几年有着巨大不同。这些因素的变化也暗示着篮球技术与十几年前相比有着天壤之别。球员的个人思想也有着巨大的变化，球员心理素质、个人思想的提升也为篮球技术的发展提供了巨大的推动力。同时，技术的发展也同样开拓了人们的视野，使人们更加深刻地了解篮球，理解和发现篮球的技术问题，从而促进技术的发展。

（二）比赛规则的不断完善

比赛规则的完善和发展也同样为篮球技术的进步提供了巨大空间。1936 年国际篮联正式统一了篮球竞赛规则之后，每 4 年要修改一次，主要目的是限制不合理技术的发展。比如，限定空间、篮下，提高技术难度；限定时间、减少停顿次数、提高比赛速度和观赏性，篮球比赛从 3 秒到 5 秒再到 8 秒最后到 24 秒时间的变化，极大提高了比赛的时间感，使球员紧绷神经，促进攻守的快速转换，加快比赛节奏，提高了观赏性，使比赛更加精彩；现代篮球比赛场中设置的 24 秒计时器，以及比赛时钟的毫秒精度和电子录像的配合使用，可以使比赛最后的结果分秒不差；对犯规次数的限定也提高了防守的技术水平。

（三） 攻守对抗的激烈程度

篮球比赛是进攻与防守的激烈对抗，攻、守对立统一规律决定了两者互相依存、互相制约和互相促进的关系。攻守对抗的激烈程度，是促进比赛节奏，吸引观众注意，增加观赏性的重要因素。攻守对抗得越激烈、观众的热情越高，比赛的观赏性就越大，所以在平时的训练过程中就要注意这一点，并加以把握，注重比赛技术动作的训练和强化，以及球员能力的提高。20 世纪 70 年代以后，进攻和防守战术经过训练都达到了一个新水平，移动进攻要求个人进攻技术向全面、快速、对抗和高空作业技巧化方向发展；综合多变防守战术的广泛运用，促进个人防守更具攻击性和破坏性，防守水平从而得到很大提高，各项篮球技术也得到了极大的发展和进步。

（四） 训练方法手段的变革

在传统的篮球训练中由于发展水平的限制，当时篮球技术动作之间的衔接不是很好，技术的数量也不是很多，运动员对技术的掌握程度也不是很完全。但随着训练方法手段的发展和变革，球员之间的配合开始变好，技术动作之间的衔接也逐步变得完善，球员的综合素质得到提升和发展。篮球不再只是一项普通的运动，而是发展成具有极大的科学性，且在教练员和运动员密切合作下的竞技运动。比如：专业人员运用人体生理学理论与方法，运用计算机等先进设备对篮球技术进行分析和评价研究，对篮球技术的发展和提高也起到巨大的推动作用。同时，伴随世界经济的发展，体育运动文化随之推广，不同篮球技术风格特点、打法的出现，使教练员、运动员开阔了眼界，增进了相互之间的了解。各个球队之间相互学习，相互借鉴，形成一个双向的过程。一方面，运动员的思想、技术、训练的方法论得到了巨大的提升；另一方面，科研人员不断对技术、教学、理论等知识进行补充和完善，推进篮球技术的进步，提高训练的效率，改善技术的发展，进而帮助球员进行更高质量、更科学的训练。

第二节 关于篮球进攻技术的教学

一、移动

移动是篮球运动的基础技术之一，是球员在比赛中为了进攻和防守不断进行速度、高度以及方向调整的过程。在比赛中，攻击和防守动作的完成与运用，都需要脚步动作的配合。因此要求篮球运动员在比赛中，积极快速地移动，合理运用各种脚步动作，充分占据地面与空间的有利形势，争取掌握攻防的主动权。因此，在篮球技术教学与训练中，特别要重视移动技术的教学。

（一）移动技术的分类

移动技术作为完成各项技术动作的基础，在篮球比赛中被广泛运用。移动技术大致可以分为跑、跳、滑步、转身、停等一系列的动作。跳可以分为单脚跳、双脚跳、起跳等动作；跑大致可以分为变速跑、变方向跑以及后退等跑步动作；滑步可以分为前滑步、后滑步等各方向的滑步动作；转身具体可以分为前转身、后转身等动作。

（二）移动技术教学步骤

移动技术教学步骤主要分为以下两步：

（1）移动技术教学顺序是先以基本站姿为主然后进行跑、停跳、滑步，主要应遵循先易后难、先攻后守的顺序。

（2）移动技术应该遵循由浅入深的原则，先是原地练习，以便让球员把握动作的难易程度，随后在慢跑中学习掌握正确的动作方法，在移动技术基本熟练之后，就要开始单项的攻击和防守的练习，这一步主要是为了使球员加深对技术的理解和把握。

（三）移动技术动作方法

移动技术动作包括起动、跑、跳、急停、转身和滑步，各项技术的动作方法具体如下。

1. 起动

起动就是球员开始运动时的状态，由静止转为运动。突然的起动无论在进攻还是在防守中都是有效的进攻和化解进攻的方法之一，球员往往利用起动的这一瞬间出其不意地发动进攻或者防守，是控防对手最有效的途径。起动的动作包括从站立位开始，然后重心移动，最后脚掌发力。

动作要点：身体重心迅速前移，猛蹬地，步幅小而快。

2. 跑

跑是为了完成攻守任务而争取时间的脚步动作，具有快速、突然、多变的特点。比赛中常用的跑有以下几种形式：

（1）变速跑。

变速跑是一种典型的利用节奏变化，快速突破防守的移动步法，通过此方法运动员跑步速度会得到提高，步伐更加收放自如。

动作要点也比较简单，在减速跑的时候双脚微微用力抵挡前进，上身保持垂直，同时重心要后移；在加速的时候正好相反，上身要向前倾斜，跑动频率要加快，双脚要快速蹬地。

动作要领：掌握快慢节奏，速度变化明显。

（2）后退跑。

后退跑是队员在球场上背对前进方向的一种跑动方式。是队员在由攻转守时，为了观察场上情况而采用的一种跑步方法。

动作要领：脚跟提起，上身放松，前脚掌用力蹬地。注意上身的放松状态、两臂的摆动配合、身体的平衡性等因素。

（3）变向跑。

变向跑是队员在跑动中利用突然改变方向完成攻守任务的一种方法。变向跑常与变向后的快速跑结合运用，借以甩开防守达到接球、抢位的进攻目的。

动作方法：在跑动中，向左方改变方向时，球员要用右脚的脚尖向左转，然后脚掌的内侧发力蹬地，同时腰部要配合着向左转变，重心移动，最后速度提升完成动作，向右方转变时也是此类方法。

动作要领：合理把握脚掌的内侧力，重心转移要快，右脚上步快。

（4）侧身跑。

侧身跑是上体侧向跑动方向，脚尖对着跑进方向的一种跑动方法。在比赛的过程中，球员往往要观察赛场的局势，为了观察局势和跑步的同时进行而出现的一种跑步方法。

动作方法：跑步的过程中，身体和头部随时转动，两脚尖要朝着移动方向，既要保持奔跑速度，又要完成攻守的动作。比如做切人动作时，面向球侧肩转体，用肩压住防守队员接球或护球，加速超越防守。

动作要领：上体前倾自然侧转，脚尖朝前，身体重心内倾。

3. 跳

跳是在球场上争取高度及远度的一种动作方法。跳的方式一般有两种，分别是双脚起跳和单脚起跳：

（1）双脚起跳。

动作方法：起跳时，两膝弯曲降低重心，上身前倾，然后两脚用力蹬地，伸膝、提腰，两臂迅速向前上摆，使身体向上腾起。上身在空中要自然伸展，收腰，下肢放松。之后前脚掌先碰地，屈膝弯腰下蹲，重心下移，完成着地。双脚起跳多一般在原地运用，也可以在上步、并步、跳步和助跑情况下运用。

（2）单脚起跳。

起跳时，保持身体平衡，落地时，脚掌着地，然后屈膝开始前脚掌蹬地，同时提腰摆臂。另一条腿快速屈膝上提，当身体达到最高点时，摆动腿自然伸直与起跳腿合并。落地时，双脚要稍分开，注意屈膝缓冲，以便衔接其他动作。单脚起跳一般运用在助跑情况。

4. 急停

急停就是球员在比赛的过程中，球员由运动状态突然转变为静止状态的过程。急停可以有效连接前后两个动作，大致可以分为跨步急停和跳步急停两类：

（1）跨步急停（两步急停）。

球员在快速跑步的过程中，开始两段大跨步，第一段的跨步要比较大，脚掌向外侧发力，屈膝，上身后倾，重心同时跟着后倾。当第二段到来时，脚要稍微地向内发力，内侧蹬地，屈膝，身体侧转，重心回到两脚的中间位置，手臂自然打开，保持身体平衡。

（2）跳步急停（一步急停）。

运动员在跑步的过程中，开始起跳，可以是单脚也可以是双脚，上身后倾，然后两脚的前脚掌着地，屈膝，重心下移，两臂自然伸张，维持身体平衡，最后完成动作。

5. 转身

转身是篮球中一种比较常见的动作，球员在完成很多复杂的动作的过程中往往也伴有转身等动作的参与。在转身的过程中，运动员先是进行一个向前或向后的跨步，然后另一只脚作出相应的变化带动身体旋转，在这个过程中，上身也要作出和脚掌相应的变化，腰肩相一致的变化，在转身的过程中，重心要始终保持在两腿的中间位置。

转身可以分为前转身和后转身，在比赛的过程中前后转身所对应的作用是不同的，在比赛中要做到活学活用。主要以中枢脚为中心进行前后的弧形移动。

6. 滑步

滑步也是球场上比较常见的使用技巧，它对于球员运动中保持身体平衡发挥着巨大的作用，也是两个动作衔接的纽带。滑步可向侧、向前和向后进行滑动和做后撤步来阻截对方的移动，大体可划分为侧滑步、前滑步和后滑步 3 类：

（1）侧滑步。

首先开始站姿的训练，然后两脚掌打开与肩同宽，两膝较深弯曲，上体微向前倾，两臂侧伸，身体不要上下起伏，重心保持在两脚之间，眼要注视对手。向左滑步的时候，要用右脚掌内侧发力，进行蹬地，左脚跨出，右脚向左脚贴近，腰胯用力，保持低重心的水平移动。向右滑步时，动作方法相同，移动方向相反。

（2）前滑步。

两脚保持一前一后的姿势，后脚掌蹬地，给前脚掌一个力的作用，同时前脚向前滑动，这个过程要保持身体的开立姿态，前脚同侧臂前上举，另一臂侧下张开。

（3）后滑步。

后滑步的动作与前滑步相同，只是移动方向是相反的。

二、传接球

传接球是篮球运动中重要的技术之一，也是篮球比赛中运用最多的一项基本操作，传接球是最考验球员配合默契的一个技巧。球员在比赛的过程中进行有目的传球和接球，能够获得更多投球的机会。球员相互传球接球以及配合进攻和防守的战略安排等一系列操作的过程，从某种意义上讲直接决定着比赛的胜负。

（一）传接球技术分类

传接球技术可分为传球技术和接球技术，无论是传球技术还是接球技术，都有单手和双手的区别。双手传球大体可以分为双手头上传球、双手胸前传球等操作；单手传球大体可以分为单手低手传球、单手肩上传球、单手胸前传球、单手后背传球等操作。

（二）传接球教学步骤

传接球技术的教学，首先通过讲解与示范的方法使学生初步掌握原地传接球的动作方法，然后逐步过渡到行进间传接球；其次在已经了解基本动作的基础上，逐步过渡到其他技术的学习，把基本动作和其他技术进行紧密连接；最后进行有攻击和防守相配合的教学和训练，以达到最理想的训练目标。

（三）传球技术动作方法

1. 传球技术的动作方法

传球技术的动作方法包括以下 3 种：

（1）双手胸前传球。

双手胸前传球是篮球比赛中一种最基本、最常用的传球方法。通过此方法，传出的球比较有力度，精确性高，使用范围比较广，投篮的命中率比较准确，攻守配合性强。

动作规范：将球放在胸和腹部之间，双臂自然弯曲在身体两侧，手指微屈自然松放，用手掌外侧抱球，掌心留有空隙，保持身体的协调性，进行传球。在传球时，要遵循的原则就是以脚掌为重点的传球，脚掌蹬地、上身前倾、重心前倾、双臂迅速发力伸出，将球传出去。在这个过程中要保持手腕的屈伸，拇指是发力的关键点，前臂前伸的幅度相对较小，与此同时迅速将球传出。在球传出后调整身体的姿态，回到正常的位置，准备下一步的动作。

（2）单手肩上传球。

单肩上传球一般适合近距离的作战，具有动作迅速、灵活性强、动作幅度小的优点，在发动长传快攻时运用较多。

动作要领：将球放到单肩一侧的上方，手臂向外拓展，手臂与地面平行，然后用相对应单边的脚蹬地发力，向相反方向扭腰，同时用腰部的力量带动单边的手臂向前摆出，并扣腕拨球，通过食指、中指用力拨球将球传出，要有明显的屈腕鞭打动作球。出手后，右脚随着身体重心前移，保持基本站立姿势。

（3）单手体侧传球。

这种传球方法适用于近距离的传球动作，在近距离的攻防中比较常见，常配合跨步、突破等动作叠加使用。

动作技巧：双脚劈开、双手拿球，使球位于胸前。在进行左手传球时，右脚要向右前方迈进，然后用左手持球，把球放到身体的左方，手腕弯曲，手心朝上，以手臂带动手腕进行发力抛球，出球部位在体侧。

2. 接球技术的动作方法

接球也是篮球的基本技能之一，有利的接球是获得比赛胜利的关键。球员在接球时容易获得比赛的控制权，尤其是为了获得空中控制权。在紧张刺激的篮球比赛中，接球技术也是衔接运球、投篮、传球等技术的关键，接球技术主要分为双手接球和单手接球两种：

（1）双手接球。

双手接球是一种最基本的接球方法，也是在篮球比赛中运用最多的技术。在接球的过程中要保持神经高度紧张，全神贯注地注视来球。手臂进行相应的接球动作，手指打开，掌心相对成一个圆形，以掌外侧小拇指一侧斜对球，两臂伸出主动迎球；要做到手眼并用，双眼注视来球，当接到球后手臂要跟着球的力量走，将球接于胸前。然后做到身体平衡并进行下一步动作的转变。

（2）单手接球。

单手接球控制范围大，能接不同方向的来球，特别是接高空球和距身体较远的来球有较大优势。但是单手接球不如双手接球牢稳，因此，在一般情况下应尽量用双手接球。

比如用右手接球，右脚向来球方向迈出，两眼注视来球。五指自然分开，掌腕微屈成勺形，接球臂向来球方向伸出。当球接触到手指时，手臂顺势随球下引并向内收，另一只手迅速跟上护球，双手将球拉至胸腹之间，保持持球姿势。

三、运球

运球是指球员拍击篮球，使篮球不断地拍击到地面然后反弹到手里的过程。运球在一定程度上反映着运动员控制球和支配球的能力。在篮球比赛的过程中，运球不是个人秀，不是个人脱离组织的一场单独表演，而是全队娴熟配合的过程。合理的运球是快攻、突防的关键环节。不过，运球的最终目的是为了争取时间和创造战机，因此，在训练和教学的过程中，教师在教授学生运球技术的同时，还应教给学生适时而恰当地选择运球时机。

（一）运球技术分类

运球有很多种类型，大体可以分为原地运球和行进间运球，原地运球又可以分为高运球和低运球两种，行进间运球包括急运和急起、转身运球、胯下运球。

（二）运球的教学步骤

运球技术的教学步骤是一个由浅入深的过程，教师应该充分向学生展示运球的目的、运球的动作要领和运球每个环节的技术要点，充分考虑学生的特点，合理安排对运球时机的把握，从而达到赢得比赛胜利的目的。

（三）运球基本动作

运球的基本动作可以做如下分解。

身体姿势：两膝保持相应的弯曲度，上体稍微前倾，抬头，注意观察场上的情况。上肢动作：以肩关节为轴，上臂带动前臂发力，双臂自然下垂，手指放松，增大受力面，用手掌的外围，掌心的凹陷部位，对球进行打拍。击打球的不同部位，球反弹的角度也不同，拍球的力量大小，也对球的反弹速度和高度有一定的影响。熟练掌握节拍的把控，增大吸附的时间，不仅有利于控制球的速度和方向，也有利于观察场上的局势变化。

（四）运球技术动作方法

1. 高运球

高运球通常在没有防守队员时运用。由于在高运球时拍球的速度较均匀，因此动作简单易学。

高运球的特点是球反弹较高，便于观察场上情况。运球时要注意两腿的弯曲程度，目光不可东张西望，手臂自然下垂，手腕和手指要做到短而有力，用指根及指腹部位触球，食指向前。球的落点控制在运球手同侧脚的外侧前方，使球的反弹高度在胸腹之间，手、脚协调配合快速运球行进时，手触球的部位要向后移，用力要稍加大，球的落点离脚要远些。

2. 低运球

球员进行弯腰屈膝，身体的重心下移，把运球的高度合理地控制在关节的高度进行运球，以便把控和掌握赛场局势。

3. 运球急停急起

如果对方防守比较严密的时候，就可以运用该方法摆脱对手的防守。在快速运球中运球突然变快和突然变慢，重心下移，目光直视，两腿发力，上半身微倾，然后进行快速运球。

4. 体前变向运球

所谓的体前变向运球，就是在对手挡住自己视线的情况下，向左和向右改变运球方向，进而达到摆脱对方防守的目的。

动作要点：如果想要左手运球，球员右侧有防守人员，此时要有一个向左的假动作以迷惑对手，然后让球经过自己的右前方，达到体前变向运球的目的。此时的身体重心是比较低的，因为太高不利于这个动作发挥，重心越低越有利于突破防守。

5. 运球转身

当对手步步紧逼的时候，就可以运用运球转身的技术。

当对手的距离比较近的时候，球员以身体的灵活性为基础，采取转身的运球技术就可以灵活地突破防守，此时膝盖微曲，重心下移到一侧，以一个脚掌为轴迅速转身，换另一个手运球，达到运球转身的目的。

6. 背后运球

当对手出现在运球的一侧时，距离非常近，球员也可以采用背后运球的方法进行破防。

在运球中，比如：想向背左侧运球，此时右脚要向前进一步，然后右手拍球的斜上方，把球运到身后，当球碰到地面反弹到腰部左右时，右手拍打篮球，球开始向左脚的方向运动，然后打开左脚，球又到了左手位置，完成动作。

四、投篮

投球就是球员将篮球投入篮筐的过程，运用各种技术将篮球投入到篮筐之中，最后获得比赛的胜利。在篮球比赛中投球是评定比赛结果的重要标准。战术的配合、战略的使用都对投球有着非常大的影响。因此，掌握运用良好的投球技巧，提高命中概率，是篮球训练的重中之重，是获得比赛胜利的关键性因素。

（一）投篮技术分类

投篮技术动作方法很多，大体上可以分为单手投篮和双手投篮。无论哪种投篮动作最终都是以投进为目标的，对于投篮技术的锻炼和练习也是以得分以及赢得比赛胜利为目的。投篮技术的好坏直接影响着比赛的胜利和队伍的发展情况。

（二）投篮技术的教学步骤

投篮技术的教学步骤分为 2 步：

（1）投篮的教学过程必须遵循由浅入深的过程，以最基本的原地投篮为基础，进行其他更为高级的投篮技术的训练和学习。

（2）对于学生的教学要有一定的耐心，把投篮的技术的每个动作要点讲解清楚，使学生充分了解和懂得投篮的技术。通过对学生的训练次数的增加，难度的提升，充分地锻炼学生的技术熟练能力以及提高投篮的命中概率。决定投篮命中率的因素很多，包括心理因素、投篮位置的选择、投篮的力度、投篮的技术把控程度、握球的方式、出手的时机、对手的实力等因素，所以投篮动作要做到身体各部分协调配合和各技术环节连贯正确。特别是良好的心理因素对在投篮的过程中占据着尤其关键的位置。

（三）投篮技术方法

1. 原地投篮

原地投篮的方法分为 2 种：

（1）原地单手肩上投篮。

原地单手肩上投篮是比赛中比较常见的一种投篮方式，在赛场上应用也比较常见，并且拥有不易被封盖等优点，因此在篮球比赛中被广泛使用。

动作方法：（以右手投篮为例）双手位于胸前，手臂自然放松，两腿自然站立，膝盖微曲，重心居中，手掌心朝上，手指自然打开，上身放松并稍后倾，目视锁定在篮筐。投篮时不可三心二意，要做到全神贯注，两手腕向外打开，手指发力，以手臂带动手腕进行投球。

（2）原地双手胸前投篮。

原地双手胸前投篮是比赛中比较常见的一个投球技术，原地双手胸前投篮往往不会单独出现，而是要与其他篮球技术等综合使用。该技术能充分发挥球员全身的力量，适用于中、远距离，一般女子运用这种投篮较多。

动作方法：两手持球于胸前，手指自然分开，拇指相对成"八"字形，用指根以上部位握球的两侧后下方，手心空出，两臂自然屈肘，肘关节下垂，两脚前后或左右开立，两膝微屈，重心落在两脚上，双眼注视瞄准点。投篮时，下肢蹬地发力，两臂向前上方伸直，前臂内旋，拇指下压，手腕向前弯曲，前3个手指发力，将球投出。当球投出之后身体要保持自然形态，脚掌微微踮起。

2. 行进间投篮

行进间投篮的方法分为2种：

（1）行进间单手肩上投篮。

行进间单手肩上（高手）投篮是篮球投篮的基本技术，也是球员在比赛中经常使用的投篮方式。一般用于快速突破对手或是篮下突破，也可以称为跑动中投篮。这种技术的优点可以概括为：球点比较高，可以用身体保护球。

动作方法：以右手投篮为例，在快速运球或跑动的过程中，右脚上前接球，立即跳至左脚，右脚弯曲抬起。同时，用双手将球托在肩膀和头部，上身起跳后，上身略微向后倾斜。当身体跳到最高点时，右臂伸直，手腕向前弯曲，用手指的力量将球掷出。投出篮球后，双脚同时着地，双腿弯曲以缓解落地带来的冲击力。

（2）行进间单手低手投篮。

行进间单手低手投篮的投篮动作多在快速跑动中超越对手并接近篮下时运用，具有速度快、伸展距离远的特点。

动作方法：同样以右手投篮为例。跑法与行进间篮下单手肩上投篮基本相同，但接球后的第二步要不断加速，从前上方起跳，缩短起跳时间。投篮时，五指自然分开，将球下半部分抬起，手掌向上，手臂要向上伸展。当接近篮筐的时候，使用手指动作将球向前旋转并将其扔进篮筐。

3. 跳起投篮

跳起投篮，最早是由美国职业篮球联赛发明的，被称为跳投。其优点可以概括为：突发性强、投送点高、防御难。该技术可与传球、运球等基本动作结合，适用于原地停顿、动作匆忙或从后面接球入篮后回头看等情况。

动作方法：以右手投篮为例，双手握球，左手放在球的前面或旁边，右手放在球的后面。微屈双腿，双手移动球从胸前到头顶，然后双脚弹起。跳跃时，弯曲肘部（前臂向后），同时将手腕向后转。跳到最高点的时候，前臂向前，手腕也向前，顺着球的方向向下，视线要完全跟随球并始终盯着篮筐。

4. 扣篮

扣篮是直接将球由上向下灌入篮内的一种投篮方法，标志着投篮技术的又一次大飞跃，突破了投篮技术的一般规律，也是篮球比赛中常见的得分方式。因为它的投篮点靠近篮筐但高于篮筐，所以很容易找到最佳入射角，不需要计算抛物线。因此，在世界各大赛事中，扣篮越来越容易得分，而且随着实践的发展，扣篮的方式也多种多样。其中包括原地扣、动扣、单手扣、二手扣、正手扣、反手扣、凌空扣等。这种投篮方式是直接把球从上到下灌进篮筐里，所以其优点可概括为：射点高、球速快、进攻性强、拦网难度大、命中率高等。不过扣篮动作也比较难，要求运动员身体素质好，还要有很好的弹跳和控球能力。这里主要介绍两种扣篮方式。

行进间单脚起跳单手扣篮：以右手投篮为例，右脚迈一大步，双手接球，然后左脚迈一小步，用力起跳到空中，充分地伸展身体，右臂伸直举起球，当高度接近篮筐时，拿起手腕将球从手中抛出。球被抛出去后，要特别注意落地时对身体的控制和落地膝关节屈曲缓冲。

行进间单脚起跳双手扣篮：与单手扣篮相似，不同的是双手持球，双脚蹬地开球，在起跳的同时充分伸展身体。双手举球至最高点，当球举过篮圈高度时，双手屈腕将球自上而下扣入篮筐。球离手后注意控制好身体平衡，落地屈膝缓冲。

5. 补篮

补篮是指篮球比赛时投篮不中，球被其他队员挡住或触板、圈弹出，队员自己或队员再次投篮，又称二次投篮。补篮是一种在没有明显持球动作的情况下大力投篮的方式。队员应根据队员、球、场地的情况选择合适的方法进行补篮。以下是两种基本补篮方法。

单手补篮：以右手为例，当球从篮圈或篮板反弹时，要准确地判断球的反弹方向，及时起跳，手臂向球的方向伸出，当跳至最高点、手臂接触球的一刹那，在空中用手指手腕的力量将球投入篮圈。

双手补篮：球反弹方向在头的正上方时多采用双手补篮。起跳后，双手触球后可用拨球的方式将球投向篮圈，其他动作与单手补篮基本相同。

五、抢篮板球

抢篮板球是双方在未投中球后从空中争抢从篮筐反弹出的球的一种篮板技术，包括抢夺进攻的篮板球或防守的篮板球。当进攻球队投篮失败，自己或者本方球员在空中争球时，称为抢进攻篮板球或前场篮板球。当对方投篮失败时，双方队员在空中抢球，称为抢防守篮板球或后场篮板球。篮板球的争夺是攻守矛盾转化的关键，是增加进攻次数的有力保证，也是决定本场比赛胜负的关键。

（一）抢篮板球技术教学步骤

抢篮板球技术的教学顺序是：移动、抢占位置、判断起跳、抢球。

在教学和训练过程中，首先要让学生了解抢篮板的重要性，注重培养学生的拼搏精神和斗志，让他们勤加练习，养成只要看见球就去抢的习惯。教师可以根据徒手模仿的练习，结合上步、抢篮板球等方式进行教学。在教学过程中，可以适当增加难度，让学生们争抢篮板球。同时，也要让学生在投篮不中后，观察球的反弹和落点规律，提高学生的篮球技术和在比赛中为每一个球而战的意识。

（二）抢篮板球技术动作方法

抢下进攻篮板是进攻球队得分的重要组成部分，不仅可以增加进攻次数和篮下得分机会，还可以营造"外投内抢"的局面，增加对附近球员投篮的信心，提高球队的士气，这也是获胜的主要方式之一。进攻队员抢篮板球时一般处于防守队员的外侧，需要移动和摆脱对手，因此在抢前场篮板球时，一定要毫不犹豫地"冲"，看准时机就上。

动作方法：当队友投篮时，靠近篮筐的进攻队员应先判断球的反弹方向，然后直接上前向对方做假动作迷惑身前的防守队员，绕到身前或站在对手的一边，占据有利位置，借助跨步或助跑跳到最高点补篮或篮板。落地时弯曲双腿，专注于双脚中间，将球放在胸腹中间。当球员在外线位置抢篮板球时，如果进攻球员向篮筐进攻，不仅要判断球的反弹方向，还要判断球的速度和落点，并找到合适的时机直接冲向球的反弹方向补篮或抢篮板。以防守者身后的左路冲刺为例：当进攻者面对篮球时，右脚向右迈出一大步，然后向右做一个假动作。然后以左脚为支点，右脚向左迈一小步，将身体重心移到左脚上，同时，立即右脚绕前方向前迈一步，挤靠防守者，起跳去抢篮板球或者补篮。

总之，进攻球员必须准确判断抢篮板的时机，及时起跳，补篮或组织二次进攻。

六、持球突破

持球突破是一种极具侵略性的进攻技术，拿球者要学会利用合理的脚步动作、结合运球技术，迅速超越防守者。在比赛中，良好的突破技术能打乱对方的防守部署，创造更多的攻击机会，若能巧妙地与投篮、传球假动作有机地结合起来，能使进攻战术更加灵活、机动。因此，在持球突破技术的教学和训练过程中，教师不仅要教给学生规范的技术动作，而且要重视培养学生的突破意识和临场观察判断能力。

（一）持球突破技术教学步骤

在传授持球突破技术的过程中，要先教学生交叉步持球突破，再教学生同侧步持球突破，以免学生混淆这两种突破方法。

在具体的实践教学中，教师先要对动作进行充分讲解，让学生对这两种方法有一个初步的了解，然后进行正确的示范，让学生建立正确的行动模型。不要在细节上浪费太多时间和精力，防止刺激过强或过弱造成泛化现象。要以行动教学为重点，以达到重点突破的效果。同时，教学步骤和方法应遵循由易到难、由简到繁的原则，即先学单个技术动作，再学组合技术动作，最后在消极防守和积极防守中学会运用。在练习中还应学会两脚都能做中枢脚，同时防止带球走违例。

（二）持球突破技术动作方法

1. 交叉步持球突破

交叉步持球突破是一种短距离突破方法，适用于靠近防守者的情况。因为更容易保护球，也可以减少走步违例，所以更适合初学者。

动作方法：以持球者用左脚为中心脚为例。突破前，身体重心要放低，左右脚保持与肩同宽，膝盖微微弯曲，将球夹在胸腹。突破时，右脚在同一侧做同侧步蹬跨踩，阻止防守者向左移动。将身体重心移至左脚，向前迈向左侧，上身向左转动并探查肩部，将球置于身体左侧，在左脚离地前用力地用左手将球推向防守者的右侧，同时将左脚推向地面，加速超越防守队员。若在突破中能有机地结合投篮、虚晃、传球等假动作，成功率则更高。

2. 同侧步持球突破

同侧步持球突破，一般在离防守人较近，利用防守队员失去身体重心，尤其是向一侧失去重心过多时运用。

动作方法：同样把持球者的左脚当作重心，类似于交叉步持球突破。同时，右脚可以试探性地向右迈一步，控制身体的重心。突破时，如果防守者没有反应，左脚可以快速蹬地，右脚可以快速向防守人左侧方迈出，脚尖向前，上身稍右转，同时探肩使重心前移，在左脚离地前，用右手推拍球于迈出脚的侧前方，左脚迅速蹬地并向右前方跨出，加速运球超越对手。

第三节　关于篮球防守技术的教学

篮球防守技术是防守球员为赢得篮球比赛而采用的各种特殊动作方法的总称，通过利用脚部动作和手臂动作，抢占球场上的有利位置，以控制球权、并争取比赛中的主动权。因为现代篮球比赛中特别强调攻守平衡，所以对一个高水平的篮球队来说，谁具备攻守平衡能力谁就能取得胜利。

这种技术要求防守者要率先占据有利位置，干扰敌方球员，破坏他们的进攻，从而控制球权。同时，应该通过某种方式破坏对手的战术，扰乱对手的位置，限制对手的攻击速度。防守对手不仅是对球员个人防守技术的考验，也是对集体防守战术配合的关键考验。因此，必须注重个人防守技能的培养，提升全队防守能力、进攻技巧和战术的提高。

一、抢防守篮板球

作为一名后卫，需要学会充分利用自己的位置优势，当其占据篮下或内线位置时，主要靠"挡"。

在进攻球员投篮时，篮球运动员不仅要根据对手的跑位抢篮板，还要合理利用自己的位置，结合上步、撤步和转身等一系列动作迷惑对手，阻挡进攻球员，抢占先机。因为这种情况更靠近篮筐，大大缩短了攻防距离，所以大部分时候都是采用回身挡人的方式。挡人时，应尽量降低重心，向外伸展肘部，利用身体优势占据空间，使自己处于适合起跳的状态。"挡"的主要目的是拦住对方起跳，所以这个动作完成后，要迅速起跳抢篮板。当然，球员也可以根据情况合理采用直接抢篮板球的方法。防守队员拿到球后，最好立即将球传给队友，迅速完成快攻的第一次传球；如果当时找不到合适的机会，落地后应立即侧对前场，等待机会，寻找合适的机会发动快攻或运球突破防守，然后快速传球给队友，要充分发挥篮板球的攻击作用，不能只是消极地保护球。

二、防守有球队员

防守有球队员的主要任务是干扰和破坏对方的投篮，想方设法阻挡对方的突破。为了防止对方突破自己的防线，还应挡住对方传球给己方后卫，合理运用各种步法和技术手段，以达到控球的目的。

防守有球队员的基本方法主要注意以下2个方面。

1. 防守的位置与距离

防守有球队员的时候，防守方应站在对方与篮球之间，并让自己在对方与篮球的直线上。一般来说，当球员远离篮筐时，球员就在远处，反之亦然。同时，要学会根据进攻球员的技术特点和防守战术来调整防守距离。

2. 防守动作

由于场上的情况是千变万化的，防守时应根据持球队员的进攻特点、意图及球篮距离的不同，防守有球队员的技术动作也有所不同。从脚步动作来讲，通常防守有球队员主要包括以下两种防守方法。

第一种是平步防守，这种方法也是常用的方法。保持双脚平行，手臂向上和向下，并保持摆动。此法具有防守面积大、进攻性强、易左右移动的优点，特别适合近距离防守运球突破。当对手停止运球时，可以利用平步防守来阻挡传球并配合夹击防守。

第二种姿势为斜步防守，即两脚前后站立，前脚同侧的一只手臂向上伸，另一只手臂向侧面伸展，膝盖弯曲，身体重心适当降低。这种方法的优点是前后移动方便，有利于防止对方投篮。不论采用什么防守方法，都要积极移动，当对方持球或运球突破时应迅速后撤堵截其突破路线，迫使对手处于被动。当对手做各种假动作时，要能判断真假，不要被其迷惑而失去合理的防守位置。当对手投篮时，要准确地判断其起跳时间，及时起跳进行封盖。

三、防守无球队员

在实际比赛中，防守者在场上大部分的时间都是在防守无球球员。防守无球球员的目的在于防止对方在有效进攻区内接到球，要随时做好将对方给其队友的球抢断、防止他们越过自己的防守区以及快速地进行反击的准备。

防守无球队员的基本方法主要注意以下 3 个方面。

1. 防守位置

根据球的位置和对手的位置来调整和确定自己的位置来占据有利的防守，是无球防守球员的重要因素。防守位置的选择应尽可能遵循"球、人、区"的原则。也就是说，防守者要根据场上情况，综合考虑对方的身高、速度、进攻特点，结合战术需要和自身防守能力，调整自己的位置和距离，要选位于对手与球篮之间偏向有球一侧的位置上，使自己处于对手和球之间。

2. 防守姿势

选择正确的姿势很重要，既能保证足够大的控制区域，又能及时向不同方向移动，这主要与对手和球的距离有关。

强侧防守姿势：如果进攻队员球很近，应该采取面对球场，侧向球的姿势。靠近球的脚应该在前边，两膝屈膝，重心在两只脚的中间，以便随时能挡住对手围绕着目的地向后移动接球的路线。平伸右侧的手臂，让拇指朝下，掌心向球的方向，封锁对方的传球路线，从而干扰对手接球。

弱侧防守姿势：如果进攻球员离球较远，为了便于人球协调防守，往往采用侧方面对的姿势进行防守。保持双脚平行，双腿微微弯曲，手臂自然伸直，手掌朝向球。结合场上情况，密切观察球、人的动作，并随着球或人的动作不断滑动调整防守位置。

3. 脚步动作

防守时，防守者要根据传球和对方的跑位合理运用步法，及时占据有利的防守位置，取得主动权。在与对手的对抗中，要保持身体重心向下，双脚着地，双腿微微弯曲，尽量扩大站位面积，上身保持适当的张力，在与对方身体接触前瞬间发力，占据主动对抗的优势。并充分利用手臂动作干扰对手的视线，为自己争取防守空间，尽可能保持身体平衡，快速左右移动，占据有利的地理位置。

第五章 高校篮球战术教学

篮球战术是指在比赛中队员之间有策略、有组织、有意识地协同运用技术进行攻守对抗的布阵行动，是以篮球技术为基础，在战术指导思想和战术意识支配下的集体攻守方法。篮球战术的核心包含了人、球移动的路线，技术方法的选择与组合，动作时间与攻击区等具体内容，从而表现为队员的个人攻守行动、队员间的配合行动及全队队员的整体行动配合。

篮球战术教学与训练是篮球专项课程的重要组成部分，是为篮球比赛进行战术准备的过程，其目的是使队员在比赛中能有效和有组织地进行攻守对抗，争取比赛的胜利。

第一节 战术基础配合

篮球战术基础配合是全队战术的基础。在比赛中，攻守双方为了在对抗中达到制约和战胜对方的目的，都要采用各种不同形式的全队战术行动，而这些全队攻守战术都是由一系列不同形式的战术基础配合的集合所构建的。如果把全队战术比喻成一张网的话，战术基础配合就是这张网上的各个结合点。战术基础配合也是技术与战术相互联系的纽带，技术运用的重要组织形式。在比赛中，许多攻防技术的组合和运用都是以战术基础配合的形式来体现的。

因此，在篮球课中，加强篮球战术基础配合的教学与训练，不仅有利于学生更好地学习与掌握全队战术配合，还对提高学生的篮球意识与战术素养，发展学生机动灵活的攻防能力具有重要的意义。篮球战术基础配合包括进攻战术基础配合和防守战术基础配合两个部分。

一、进攻战术基础配合

进攻基础配合是全队整体进攻体系的重要组成部分，也是构成全队进攻战术配合的基础与基本内容。只有熟练、全面地掌握各种进攻战术基础配合，才能更好地学习与掌握、运用各种形式的全队战术方法。

（一）进攻战术基础配合的概述

进攻战术基础配合是进攻队员 2~3 人之间为了创造攻击机会，合理地运用各种进攻技术，在局部区域组成的配合方法。

进攻基础配合可分为传切、策应、掩护和突分 4 种。这些配合方法的运用，在比赛中具有双重功能，它们既可作为独立的战术手段随机地运用在进攻过程中，同时也可作为全队整体进攻战术构成的基本要素，在进攻中具有重要的特殊地位。这些配合方法既可以在两后卫队员之间或两前锋队员之间进行，也可以在前锋与后卫、前锋或后卫与中锋之间进行。在运用中具有发动突然、方法简练、不限区域、配合时间短、灵活机动的特点。但由于结构简单，就某个单一配合方法来讲，配合中的变化相对有限，因此，球员只有掌握各种进攻战术基础配合方法，把它们有机地结合起来运用，才能最大限度地发挥进攻战术基础配合的作用。

进攻基础配合一般是由 2~3 名进攻队员参与组织的。从配合形式来看，往往是由持球队员与 1~2 名无球进攻队员之间不同技术运用的具体过程所构成，也可在无球队员之间组织进行（如无球队员之间的掩护配合）。这种配合的实质是持球队员的技术运用与无球队员的技术运用的组合，通过这种组合去创造或寻求攻击的机会。

由于进攻战术基础配合是进攻队员在比赛过程中瞬间捕捉或利用出现的进攻机会的一种随机进攻行为，进攻基础配合的运用在很大程度上与队员对运用时机的准确把握相关。

进攻基础配合运用时机的把握、运用的效果，取决于运动员的意识和个人的技术能力，以及对时间和空间关系的准确把握。现代篮球比赛由于防守的积极性、攻击性和贴身紧逼能力的不断加强，在进攻中单纯依靠个人能力摆脱对手、接球或展开攻击是十分困难的，很多时候必须借助同伴的协助寻找机会。因此，进攻基础配合的熟练运用也是进攻队员战术素养、配合能力、临场应变技艺的综合体现，并且对培养队员的配合意识、移动摆脱技巧、战术思维习惯、保证个人特长和全队技战术特点的发挥也有重要的意义。

（二）进攻战术基础配合的教学

1. 教学建议

（1）战术基础配合的教学应安排在攻守技术教学之后进行。在教学中，应先组织进攻战术基础配合的教学。在复习进攻基础配合内容的同时，组织防守基础配合内容的学习，使防守战术基础配合的教学更具有针对性，为学习全队整体战术配合打好基础。

（2）在组织进攻基础配合的教学时，应遵循战术教学的步骤，使学生了解配合的概念、运用时机、配合方法和要求。重点分析配合时机的捕捉和利用、配合条件的选择以及队员之间配合动作的协同和应变等。使学生建立战术配合的完整概念，通过练习掌握人、球移动路线，配合时间等配合方法。在此基础上进一步学习配合的变化，以便在对抗与比赛情况下提高配合的运用能力。

（3）进攻基础配合的教学顺序应是：先教传切配合，再教突分配合，后教掩护配合，最后教策应配合。在进行传切配合时应先教纵切、后教横切。策应配合先教二人配合，再教三人配合。掩护配合的教学顺序为：先教无球队员之间的掩护，再教无球与有球队员之间的掩护；先教原地掩护，后教行进间掩护。

（4）在教学中应抓住重点内容进行改进提高，以点带面传切配合应强调如何摆脱对手以及传球技术的运用重点抓正面（纵切）和侧面（横切）的配合，重点掌握突破分球的时机、传球方法及切人队员的路线；掩护配合中应重点抓侧掩护配合，强调掩护动作、位置、距离、角度等因素以及掩护后转身和移动路线；策应配合重点抓中锋的策应配合，强调中锋策应技术的运用以及外线队员与中锋的配合方法。

（5）在选择练习时，应遵循从易到难、从简到繁的训练原则。例如，学习掩护时，先教给持球队员去做侧掩护，再教给不持球队员的掩护和运球中掩护，逐步增加对抗性的练习，在掌握基本的配合方法之后，以巩固提高配合质量与配合效果。

（6）在教学训练中加强教学管理，对每个细节都应严格要求，重视学生配合意识的培养，强调配合时机、注重配合质量与配合效果，提高学生的战术素养和战术意识。

2. 教学组织

进攻战术基础配合的教学内容主要有：传切配合、掩护配合、策应配合和突分配合。在教学组织时应遵循进攻战术基础配合的教学安排顺序，合理地组织好教材内容，使学生更好地掌握各种配合方法。

（1）传切配合的教学。传切配合是持球队员和无球队员之间通过传球和切入所构成的一种进攻配合形式。配合方法主要有"一传一切"和"空切"两种。

（2）掩护配合的教学。掩护主要有侧掩护、后掩护、前掩护 3 种不同形式；在教学与运用中又可分为给有球队员的掩护和给无球队员的掩护。

（3）策应配合的教学。策应配合根据策应的位置可分为内策应与外策应（也称低策应和高策应）。

（三）进攻基础配合战术的训练

1. 进攻战术基础配合训练要点

（1）在训练中，应重视配合意识的培养，提高协作精神和配合能力。强调配合的节奏与变化，根据队员的训练水平与训练任务逐步提高训练要求，不断提高队员的应变能力。

（2）在训练中，应根据战术配合方法的技术要求，狠抓基础技术，如移动摆脱、假动作、传接球、持球突破、投篮技术等。注意增加练习的数量，提高练习质量。重视配合技术的练习，不断提高队员配合技术的运用能力。

（3）在训练中，应重视假动作与变化能力的训练、强调配合时机、配合意识、配合能力和应变能力的训练与提高。

（4）应狠抓困难条件下的练习与提高，把进攻战术基础配合与全队进攻战术有机地结合起来，通过教学比赛来巩固，提高配合的质量。

（5）练习方法要从教学对象的实际情况和实战需要出发，注意根据教学对象的具体条件和特点进行训练。任何一个练习方法都要考虑时机、方向、地点、条件、动作和变化，以及突然性、合理性等诸多因素。

2. 进攻基础配合战术训练方法

（1）传切配合的练习。传切配合是学习与掌握其他战术基础配合方法的基础，具有配合简洁、突然、攻击性强的特点；训练中，切入队员要根据临场情况掌握切入时机，将假动作与速度结合，快速摆脱防守传球队员。要利用突破、运球或假动作吸引、牵制对手，及时准确地将球传给同伴。传切配合的训练还应加强与其他配合的结合，提高队员运用传切配合的应变能力。

（2）掩护配合的练习。掩护配合的形式和方法很多，从掩护配合的行动看，一是掩护者主动给同伴做掩护，使同伴借以摆脱防守。二是摆脱者主动移动，利用同伴的身体位置将对手挡住，使自己摆脱防守；可在不同的位置进行。掩护时，要强调掩护配合的时机、移动路线，被掩护的队员要隐蔽行动意图与方向，运用假动作吸引对手，同时加强掩护配合应变能力的训练。

3. 策应配合的练习

在进行策应配合练习时，要求策应队员应积极抢占有利位置，接球时两脚开立，用身体和躯干将对手挡在背后，两手持球于胸前两肘外展，注意保护好球；接球后，随时观察场上情况，判断好主攻与助攻的时机，处理好内外结合的关系；在策应时要用转身、跨步、假动作及时调整策应的方向和位置，以便协助同伴摆脱防守，增加策应的变化与成功率。

4. 突分配合的练习

突分配合方法主要有两种：一是运用突破压缩对方守区传球给外围队员投篮；二是突破后传球给空插队员或中锋投篮。在进行突分配合的训练时，强调突破时重心下降，侧肩护球，动作要突然、快速而有力。突破中随时观察场上攻守队员行动和位置的变化，既要做好投篮的准备，又要及时、准确地传球给摆脱后处于空位的队员；其他队员要把握时机，及时摆脱对手，迅速抢占有利位置接球攻击。

二、防守战术基础配合

防守战术基础配合是防守队员在全队整体防守行动中，在局部区域为了破坏对方的进攻配合所运用的 2~3 人之间的协同防守方法，是全队防守战术体系中十分重要的组成部分。

（一）防守战术基础配合的概述

防守战术基础配合是为了破坏对方的进攻配合，或当同伴防守出现困难时，及时地给予协助，相互合作共同完成防守任务的配合方法，是组成全队防守战术的基础。

防守基础配合是在局部区域上展开的防守配合行动，是由 2~3 人参与的一队进攻队员的各种进攻行动所组成的一种协同的控制和制约，具有小组配合的性质。

现代篮球比赛中变化最为突出的是防守技术和战术的发展。防守技术的发展又很大程度上依赖于防守配合的提高。运动员熟练地运用防守技术来破坏和制约对方的有效进攻，甚至使进攻频频出现错误，因此防守基础配合在篮球比赛中的作用越来越显重要。

防守配合是指同伴间积极合作，为争取主动，破坏对方进攻配合的协同防守行动。随着现代篮球个人攻击能力的日益加强，在比赛中单靠一对一防住对手已经非常困难，进攻队员之间频繁的配合，给防守造成巨大的压力。必须靠同伴间的协同行动，才能有效地制约对方。防守战术基础配合又是整体防守战术的基础，它对培养队员观察判断能力、增强配合意识、变被动为主动提高整体防守质量有重要作用。

防守基础配合的方法主要有挤过、穿过、绕过、换防、关门、夹击、协防、补防等内容。在比赛中，挤过、穿过、绕过配合是专门用于破坏对方掩护配合时所采用的一种积极有效的配合方法。其共同点是配合前后始终保持防守对手不变。交换防守配合是对付进攻队员掩护配合时所采用的一种防守配合方法，通常运用于被掩护队员不能及时地采取挤过或穿过配合时，防守掩护的队员通过及时的喊话呼应，迅速与同伴交换防守各自的对手，以达到破坏对方切入或摆脱行动。交换配合方法简单，但对配合时机的掌握要求较高。在比赛中，当对方进行掩护配合时，如一味地采取交换配合，有时会发生个人防守力量上的失衡，如造成小个儿防大个儿、内线防外线的局面。为了能有效地避免这一局面发生，在防守时通常采用挤过、穿过、绕过等配合以继续保持防守各自原来的防守对手。

防守基础配合的攻击性在于积极主动地破坏对方的习惯配合，最大限度地控制对方队员的活动和队员之间的联系。防守基础配合的质量好坏，取决于个人防守能力和协同防守的意识。从全队整体防守的角度来看，防守战术基础配合虽然参与具体配合行动的是 2~3 名防守队员，但实际上，在局部对持球进攻队员的进攻进行各种防守的配合行动时，在其他区域上的防守队员也要进行一些相应的轮转换位和位置调整，以控制无球区进攻队员的各种行动。所以从严格意义上讲，任何一种防守战术基础配合的运用，都是全队的防守行动，是局部对球控制和对无球进攻队员及无球区域的控制的统一。这也是防守战术基础配合的特殊性所在。

（二）防守战术基础配合的教学

1. 教学建议

（1）在防守基础配合的教学与训练中要严格要求，在提高个人防守能力的基础上掌握防守基础配合的方法。注意配合中位置的选择与调整，时间要合理及时。

（2）根据教学计划，可把挤过配合、穿过配合和交换配合作为主要教学内容，把夹击配合和关门配合与补防配合作为一般教学内容。其他教材内容可根据教学安排，作为学生的自学内容。

（3）防守基础配合的重点应首先抓好"关门""挤过"交换防守等配合。在进行防守战术基础配合教学时，应先从配合的动作方法、移动路线以及防止对手移动和摆脱防守接球等各种练习开始，然后再进行2~3人配合的练习。

（4）在选择练习时，应遵循从易到难、从简到繁的训练原则。例如，在学习掩护时，先教给持球同伴去作侧掩护，再教给不持球同伴的掩护和运球中掩护。又如，在学习防守配合时，先教"关门"和"挤过"，再教交换配合。练习中要选择典型实例作为重点练习内容。配合人数先由两人配合再到三人配合。由原地到行进最后攻守结合教防守时，要先从消极逐渐过渡到积极，最后在近似比赛或教学比赛的氛围中，通过对抗训练，逐步提高防守的配合质量。

（5）在组织防守基础配合的教学时，要与进攻基础配合结合起来进行练习，由固定到变化、由消极到积极、由局部到全部、由个体到整体，逐步提高防守基础配合的运用能力，并将不同的防守基础配合有机地结合起来进行练习，提高队员的配合意识和应变能力。

2. 教学组织

关于防守战术基础配合的教学组织与安排，可先学习"挤过"配合然后教补防和"关门"配合，最后教交换、穿过、绕过配合与夹击配合等，也可根据教学计划安排与教学实际需要进行适当的调整。

（1）挤过、穿过、绕过配合的教学。挤过、穿过、绕过配合是用于破坏对手掩护配合的积极有效的方法之一。其共同特点是配合前后始终保持防守对手不变。在教学中，教师应抓住这一配合特点使学生正确掌握各自不同的配合方法，明确配合要求，强调运用时机，提高运用效果。

（2）交换配合的教学。交换防守配合是对付进攻队员掩护配合时所采用的一种防守配合方法，通常运用于被掩护队员不能迅速地运用挤过或穿过配合时，防守掩护的队员通过及时的喊话呼应，及时交换各自的防守对手，以达到破坏对方切入或摆脱行动。

（3）"关门"配合的教学。"关门"配合是临近的两名防守队员协同防守突破的配合方法。当进攻队员运球突破时，防守突破的队员向侧后方移动挡住其移动路线，临近突破一侧的防守队员，应及时快速向突破队员的前进方向移动，与突破的队员靠拢，像两扇门一样地关起来，堵住突破者的前进路线。

（4）补防配合的教学。补防配合是两名防守队员之间的一种协同配合方法。当同伴被突破时，临近的防守队员立即放弃自己的对手，去补防那个威胁最大的进攻者，漏人的防守队员则要及时换防。

（5）夹击配合的教学。夹击配合是指防守队员利用或迫使对手运球停止时，突然快速上前与同伴一起限制对手的活动或封堵传球的一种配合方法，该配合具有较强的攻击性，常在紧逼人盯人战术和带有夹击式的联防防守时运用。

（三）防守战术基础配合的训练

防守战术基础配合的训练有以下 5 个要点：

（1）在复习提高进攻战术基础配合的过程中，有意识地组织防守战术基础配合的训练内容，促进攻守战术配合的有机结合。

（2）在训练中，要重视队员防守基础配合的意识培养。在教不同的防守战术基础配合时，要使学生了解完成配合的不同环节、配合条件、地点、时机、技术动作及队员之间的协同配合动作和应变方法等。

（3）在训练中，应重点抓好"关门""挤过"交换防守等配合。可先从配合技术和移动路线以及移动中摆脱防守接球等各种练习开始，然后进行 2~3 人配合的完整练习。

（4）要重视与加强防守配合技术的训练，如"挤过"的跨步、穿过的后撤抢步、夹击的身体动作与手的动作、"关门"时的侧跨步抢位等，要严格技术规格、强调技术动作的力度与动作幅度、提高完成动作的速度。

（5）练习中要选择典型实例作为重点练习内容。配合人数先两人后三人，由原地到行进，最后攻守结合。进行对抗性的训练时，从先消极逐渐过渡到积极，最后在近似比赛或教学比赛中，通过比赛对抗，逐步提高防守的配合质量。

第二节　快攻与防守快攻

快攻与防守快攻是现代篮球比赛攻防战术体系的重要组成部分，也是全队战术组织不可缺少的一部分。在比赛中快攻与防守快攻的成功运用，不仅能快速增加本队得分，或抑制对方的得分，还能大大地提高本队的士气，增强必胜的信心。快攻与防守快攻能力的增强，对提高队员快速技术的熟练程度和运用能力，提高队员攻守转换意识也有积极的作用。当前，各级篮球队都把快攻与防守快攻战术作为全队战术训练的基本内容，这也是篮球教学的重点内容，通过对快攻与防守快攻的教学，力求使学生熟悉并深入理解快攻与防守快攻的基本理论，掌握其战术组织的方法和基本要求，并能在实战中运用及创新。

一、快攻战术

快攻战术的运用体现当代篮球比赛的风格和进攻战术的发展趋势，反映了篮球运动的快速、灵活、全面、准确的特点，它对培养篮球运动员良好的心理素质和积极主动、勇猛顽强的作风，提高运动员的体能和技术运用能力，发展和提高篮球意识，提高进攻战术的质量都具有十分重要的作用。

（一）快攻战术的概述

快攻是指在由守转攻时，攻方获球后以最快的速度在最短的时间内组织快速攻击，力争获得人数、位置、时间、空间的优势与主动，快速果断完成攻击所采取的一种特殊的战术形式；具有发动突然、攻击迅速、成功率高、不确定性的特点。快攻战术的核心是：争取时间，创造战机，速战速决。在比赛中，队员充分发挥快攻的威力，不仅能破坏对方固有的防守体系，增加更多的得分机会，也会给防守造成很大的压力，并能增强本队的信心和勇气，争取场上的主动权，收到良好的进攻效果。

快攻是篮球比赛最早运用的一种进攻战术，早在 1893～1895 年美国就盛行一种偷袭快速进攻，即由固定的一个人在前场准备接球长传快攻。

这种长传快攻是建立在抢到后场篮板球和罚球不中抢球后，一传到前场的基础上发展起来的。1894 年，由于规则中实行了中圈跳球规定，1896 年就有了跳球配合，这种配合最早被命名为"人在球前的配合"逐渐演绎成跳球快攻战术。1937～1940 年，实行投篮和罚球命中后由对方在端线掷界外球继续比赛，改变了过去投中和罚中球后都必须在中圈跳球继续比赛的规定。因此，抢发端线界外球的快攻在跳球快攻的基础上发展起来。后来，为了获得更多的防守反击快攻机会，加强对篮球防守及战术的重视和研究，防守的攻击性和破坏性越来越强、抢断越来越多，以抢断为基础的抢断快攻在比赛中频繁出现，占据了越来越重要的位置。随着篮球技战术的发展，快攻已成为现代篮球进攻战术中最锐利的武器，也是最有效的反击得分手段。

根据快攻的战术结构，快攻战术的组织形式主要有长传快攻、短传结合运球突破快攻和个人突破快攻等方法。在比赛中当抢获后场篮板球时，抢、打、断球时，跳球后获球时，以及掷后场端线界外球时，都是发动快攻的时机。其中抢断球快攻是发动快攻的最好时机，也是快攻成功率最高的一种战术方法；抢获后场篮板球是发动快攻的主要来源，在很大程度上直接决定了一个队快攻战术组织的数量，对快攻的质量也有着直接影响。

长传快攻是指防守队员在后场获球后，经过一次或两次传球，直接将球传给快下的进攻同伴直接攻击的一种快攻形式，其特点是突然性强、进攻时间短、速度快、战术组织简单，是一种成功率较高的快攻战术形式。但要求进攻队员意识强、速度快，发动队员传球要及时、准确、视野开阔。长传快攻从战术结构上分为发动和结束两个阶段。由于长传快攻结构相对简单，因此，在战术上也存在一定的弱点和缺陷，主要是攻击力相对单薄，直接参与快攻的人数少、结构简单，攻击阶段缺乏战术上的变化。长传快攻的配合形式主要有：抢篮板球后的长传快攻；掷后场端线界外球的长传快攻；断球后的长传快攻。从技术层面上来看，长传快攻的配合主要体现在快速条件下队员的传球和接球的准确配合。

短传结合运球突破快攻是快攻战术运用的主要组织形式，是当防守队获球后通过快速地传球或运球突破结合短距离的传球，迅速地将球推进到前场，快速地形成合理的攻击队形所展开攻击的一种快攻方式。这种快攻具有灵活、机动、多变的优点，参加配合的人数多，容易造成以多打少的局面，这种战术也经常与运球突破结合运用。

短传结合运球突破快攻与长传快攻相较，在战术结构上较为复杂，一般包括发动与接应、快攻的推进、快攻的结束 3 个阶段。发动与接应是快攻组织的重要环节，特别是由守转攻后，队形的分散和一传的速度非常重要。快攻的发动是指队员获球后的第一行动，是快攻战术能否展开的首要环节，也是快攻组织的关键。快攻接应是指在快攻时，进攻队员及时快速地选择有利位置接第一次传球的配合方法。接应是快攻战术的重要环节，接应的方法包括固定接应和机动接应两种方法。固定接应又有固定区域固定队员的接应，固定区域不固定队员的接应，固定队员不固定区域的接应等形式。快攻的推进阶段是指快攻发动与接应后，至快攻结束前中场配合的阶段。在此阶段快下队员应保持前后左右的纵深队形，以快速完成推进。推进形式有传球、运球以及传球与运球突破结合推进。快攻结束阶段是指快攻推进到前场完成最后攻击阶段的配合，是快攻成功与否的关键。快攻结束阶段的配合方法主要有以多打少、人数相同等多种形式。

个人突破快攻是指队员抢断球或抢篮板球后，抓住战机，快速超越对手直接运球突破到篮下展开攻击得分的一种快攻形式，具有突然性强、方法简练、机动多变的特点。要求队员具备强烈的快攻意识、敢打敢拼的比赛作风、高超的个人突破技术与强攻得分能力。

（二）快攻战术的教学

1. 教学建议

（1）快攻是全队进攻战术的主要内容，也是比赛中全队战术运用的首选战术方法。因此，一般应安排在攻、防战术基础配合之后进行教学。

（2）快攻的战术教学步骤分为：采取完整的讲解与示范；分解（段）进行发动与接应、推进与投篮训练；先掌握结束段的配合方法，即以多打少后人数相等和以少打多的配合，再学习快攻的发动与接应；组织全队完整快攻配合的练习，并逐渐增加防守和对抗难度；在比赛实践中运用提高的程序组织教学。

（3）教学中应先教长传快攻，再教短传结合运球快攻；先教快攻的发动与接应，再教快攻的结束段，最后学习快攻推进与全队配合。

（4）快攻战术教学应先在固定形式下练习快攻的基本方法，逐步过渡到机动情况下练习，先从无防守再过渡到消极防守，直至在积极防守情况下进行练习。

（5）全队快攻战术配合可先教抢篮板球后的快攻，再教断球快攻掷界外球快攻；可先从区域联防发动快攻开始，然后在人盯人防守情况下进行，最后在接近比赛形式下进行。

（6）快攻教学应以抢断后场篮板球，发动快攻短传，运球推进、以多打少为教学的重点。

2. 教学组织

快攻战术的教学组织主要是依据快攻的战术的基本形式与组织结构所进行的，分为长传快攻的教学和短传结合运球快攻的教学两个部分。

（三）快攻战术的训练

1. 快攻战术训练要点

（1）树立快攻新观念：在快攻战术训练中，球员要清楚了解现代快攻的特点，明确和掌握当前世界强队快攻发动及组织形式的特点；确立以快速技术为基础的快攻观念。

（2）结合当前快攻战术的发展特点和本队的实际情况，设计适合队伍的快攻战术体系。

（3）快攻战术的训练中，教师要反复强化快攻意识的培养，把战术训练与技术、身体素质训练和思想作风的培养等紧密结合。

（4）在训练中要突出重点，对接应分散、快下跟进以及跑动路线和前后层次等要有明确要求；重点抓好中路推进的分球与突破加快推进速度；结束阶段要抓好三攻二和二攻一等配合，提高快攻的质量与成功率。

（5）在掌握快攻战术方法的基础上，提高全队的攻守转换速度，做到队形分散快，快下队员跑动快，后线队员跟进快。

（6）培养快攻欲望，突出快速风格：培养运动员快攻的"强烈"愿望，要在跑动速度和运、传、投各个环节上突出一个"快"字，确立快速风格的指导思想，并统一到教练员所制订的总体计划上。从思想、作风、技能和技术上都突出快速风格，上下一致，全力以赴，落实训练。

（7）从比赛的实际出发，强化快速风格快攻风格的重要基础是快速技术和快攻战术意识，需要在多年的训练中逐步养成。教练员在训练和比赛中要利用一切可能的机会进行耐心的培养，抓住每一次训练和每一次快攻的机会进行反复磨炼。

（8）提高快速技术，一定要同时提高队员的反应速度、起动速度、位移速度和动作速度，只有在每个环节上突出"快"，才能达到训练的效果。因此，教练员必须要求运动员每一个练习、每一场比赛都要全力以赴，尽最大的力气在高速度、高强度对抗中完成。

（9）训练方法的选用，对有一定训练水平的队员可重点加强一对一和二对二的快速技术训练、结合守转攻和阵地进攻战术组织训练；加强比赛训练法的运用。可运用"加分""扣分"等特殊规定激励运动员提高快速意识和快速技术。

（10）在教学与训练中应把快攻与防快攻结合训练，把快攻训练与阵地进攻战术衔接阶段的训练相结合。

2. 快攻战术训练方法

快速技术是组织快攻战术的基础，也是影响快攻战术质量的重要因素。无论是在快攻战术教学或快攻战术的训练中，教师都应重视和加强队员快速技术的训练，这也是篮球快攻训练的重要内容，对全面发展队员的竞技能力具有积极的意义，快速技术的训练要强调以最快的速度完成技术动作并达到熟练、自如、实用、准确，并把快攻意识的培养与技术、身体素质的训练和思想作风的培养等紧密结合。

二、防守快攻战术

防守快攻是全队防守战术体系的组成部分，篮球比赛的速度不断加快是当前篮球运动发展的特点之一。掌握防守快攻的战术方法，能制约对方的进攻速度，为本队有组织地实施有效的防守阵式争取时间。

（一）防守快攻战术的概述

防守快攻是由攻转守的瞬间，全队有组织、有针对性地阻止和破坏对方快攻的防守战术方法，是全队防守战术体系的组成部分。

现代篮球比赛速度不断加快，快攻意识增强，攻守速度加快，快攻得分比重增大。正确地掌握和积极运用防守快攻战术在比赛中尤为重要。防守快攻战术是在积极防守的思想指导下，强调整体布防队员各司其职、行动一致，积极主动地从不同位置上全面追堵，阻止与破坏对方快攻防守、快攻战术的运用，不仅能制约对方的进攻速度，也有利于控制比赛节奏，为本队按计划有效地组织防守阵式争取时间。

防守快攻首先要在进攻时尽量减少失误与违例，不给对方偷袭快攻的机会，同时要掌握好投篮时机，布置队员积极拼抢篮板球和退守，注意攻守平衡。进攻投篮后，立即积极组织拼抢前场篮板球，既可能获得再次进攻的机会，同时也有利于立即转入封堵对方第一传的防守。

一旦对方抢到篮板球或掷界外球时，就要防止对方长传偷袭快攻。积极进行堵截、夹击与控制，破坏和干扰其传球或突破，力争阻止对方发动快攻。这也是防守快攻战术配合的关键。

防守快攻战术的实施，是通过封堵对方第一传，阻截接应队员干扰其向接应区移动，抢占其习惯的接应点；积极追防快下队员和在中场堵截、阻挠对方，使其不能顺利地传球和运球，延缓快攻速度，从而达到破坏对方快攻的目的。在防守中力争防守人数上均等，即使以少防多，也要做到沉着冷静、机智果断、大胆出击，赢得时间上和人数上的均衡。对对方在任何位置上的投篮都要积极地进行干扰和封盖，影响其命中率，并要积极拼抢篮板球。

快攻防守战术的运用相对于阵地防守而言难度较大，特别是防守抢断球发动的快攻。防守快攻的运用更强调全队有强烈的快攻防守的意识，快速有序的集体战术组织，全队战术行动是通过在不同区域和不同时段同步展开的。从防守快攻的战术来讲，最为关键的是在攻守转换的瞬间，对持球进攻队员一传的封堵或运球突破过程中突破路线的卡堵，最大限度地限制其一传推进的速度。同时，要求其他队员进行快速退守，退守过程，边退边防；参与退守的人越多，退守的速度越快，对于快攻防守的效果也就越好。

（二）防快攻战术的教学

1. 教学建议

（1）防守快攻战术的教学，要与队员的由攻转守快速转换意识的培养结合起来，与快攻战术教学结合进行。一般应先组织快攻战术的教学，之后再进行防守快攻的战术教学，有利于队员正确掌握其战术配合方法，促进攻守质量的提高。

（2）在防守快攻战术教学的初学阶段，教练员应把防守快攻的方法与基本要求讲述清楚，使学生对防守快攻有初步了解，合理地使用防守技术。

（3）防守快攻教学应采用分解法，把堵截快攻第一传与接应，防守对方推进，防守结束阶段分别进行教学，在掌握各阶段的防守方法基础上，再进行整体防守战术的教学。应注意由易到难逐步增加进攻难度，在比赛实践中运用提高。

（4）在防守快攻的教学训练中应以一防二、二防三作为练习的重点。

在整个教学训练的过程中，应始终注意加强拼抢篮板球，封一传、堵接应，防运球突破、补防，以少防多等防守技术和配合的训练，提高防快攻的质量。

2. 教学组织

防守快攻的教学组织是按照战术的基本结构组织安排的。

（三）防守快攻战术的训练

1. 防守快攻战术训练要点

（1）在训练时，应不断强化队员的快速攻守转换意识：把拼抢前场篮板球与积极退守紧密衔接结合，做到反应快、起动快、全场领（追）防，多人退守紧逼控球队员，积极封扰抢断，尽量避免以少防多的局面发生。

（2）防守快攻的训练应与比赛作风的培养紧密结合，树立和锻炼坚韧不拔的意志品质和顽强拼搏的作风，力争主动。

（3）防守快攻训练要与快攻训练密切结合：防守总是以快攻为对象在对抗中进行的，针对快攻在各个环节的运动规律在对抗中相互促进，有效地提高队伍的攻、防能力。

（4）防守快攻战术的训练应针对快攻特点组织模拟防守重复训练，在组织快攻练习的情况引导下进行一防一、二防二和三防三的防守快攻的技术训练结合，由守转攻和阵地进攻战术训练，针对性地组织比赛训练。

（5）通过教学竞赛，不断提高防守快攻的质量，促进防守快攻战术能力的提高。在防守快攻的教学训练中，应始终注意培养学生防守快攻的意识加强队员的专项身体素质的训练。

（6）采用五人防守快攻训练时，要提高集体防守的攻击性和控制对方进攻速度的能力，以及攻守转换速度。

2. 防守快攻战术的训练方法

（1）抢篮板球、封堵一传与接应的练习。拼抢前场篮板球是破坏对方快攻战术组织最有效的方法；封堵一传与接应则是破坏对方快攻发动的关键，它们是防守快攻战术方法的基本内容，在训练中必须给予重视。在训练中，应狠抓战术意识与拼抢能力，强化由攻转守时对球的控制、干扰与破坏一传与接应的能力的提高，把强化意识与行动转化结合起来。

（2）防守快攻推进与结束段的练习。在防守快攻推进与结束段的练习中，应抓好队员的快下意识，强调快下速度，重点提高队员以少防多的能力。

第三节 攻防人盯人战术

人盯人防守战术与进攻人盯人防守战术是篮球全队战术体系的重要组成部分，也是篮球比赛中运用最多的一类全队攻守战术方法，一直都备受各级篮球队的重视，也是体育院校篮球战术教学与训练的主要内容。

一、人盯人防守战术

（一）人盯人防守战术的概述

人盯人防守是以盯人为主，每名防守队员严密盯防自己的进攻对手，兼顾球的位置和所在的防区，做到人、球、区兼顾，并与同伴协同配合，达到全队防守目的的一种全队防守战术方法，是篮球全队战术体系的重要组成部分。人盯人防守战术也是现代篮球比赛中运用最多、最重要的战术方法之一。

人盯人防守战术是篮球运动最早产生的一种防守战术（man to man defense）。早期的人盯人防守是全场人盯人，1897 年出现于美国，它要求每名防守队员负责防守自己的进攻队员，无论进攻队员跑到哪里，都要像胶水一样"黏"住对手，使对手不能运球突破、传球和投篮得分，这种防守也被称为"胶水式"盯人防守。当时，这种人盯人防守战术仅限于个人行动，每名防守队员相对孤立，缺乏防守的整体性，容易被对方各个攻破。随着篮球运动的不断发展，个人防守能力的不断提高，全队配合能力的大大增强，促使现代人盯人防守战术有了很大的发展，防守的主动性与破坏性更强，战术手段更加丰富、战术方法更加合理、战术运用更加广泛，从而增强了现代篮球运动攻守对抗的激烈性和观赏性。

人盯人防守战术可分为半场人盯人防守战术和全场紧逼人盯人防守战术两大系统。这两种战术体系具有各自的战术配合方法，但防守的侧重点，都是以人的控制为重点，兼顾球和区的控制。两种战术系统的主要区别在于对人的控制范围，一个是在全场范围展开的人盯人防守，而另一个则是退回到本方后场，在半场范围内展开的人盯人防守。人盯人具有相对固定的防守对象，在防守过程中主要是以对自己所防守对象的控制为主。不论是防守持球的进攻队员，还是防守无球的进攻队员，首要的前提是必须尽最大努力，严密控制自己所防进攻队员的各种进攻行动。但是，人盯人防守战术又不能将其简单地理解为一个防一个，并不是只要防住自己的对手就可称为战术。人盯人防守战术体系，在对具体的防守对象的控制过程中防守有球和防守无球之间、不同的防守区域之间要相互联系，以防人为中心，结合对有球和无球的各种有威胁的移动和攻方各种进攻配合行动的综合控制和破坏共同形成一种严密的整体防守体系。人盯人防守的优点是分工明确，能发挥队员防守的积极性，提高防守的责任感；针对性强，能根据彼我双方特点分配防守任务，机动灵活地调整防守部署，控制对方的进攻重点。这种战术的主要缺点是易被对方在局部地区各个击破。

半场人盯人防守战术，是指球队在前场进攻时，投篮的球中篮、进攻违例或犯规等失去球权后，放弃前场的防守，迅速退回后场，每名队员负责以盯防分工的防守对手为主，兼顾对球和区的控制，与同伴协同配合所进行的一种防守战术。它是人盯人防守战术体系中最具代表性和运用最普及、实用性最强的一种防守战术方法，也是篮球运动中最基础的全队防守战术。这种战术分工明确，责任到位，针对性强，便于队员掌握。它能有效地控制对方进攻时的习惯打法，充分发挥队员的个人防守能力，调动个人防守的积极性。比赛中防守队员可根据人、球区的不同位置及其他同伴和对手情况，随时调整防守位置，使自己始终处在最佳的防守位置上，并合理运用防守战术基础配合与同伴构成一个整体防守系统。

根据防守的范围和防守的重点，半场人盯人防守可分为半场扩大（紧逼）人盯人防守和半场缩小（松动）人盯人防守两种。半场扩大人盯人是一种带有紧逼性的防守方法，主要以争夺球为目的，封堵、切断对方的传球路线，阻止三分投篮。这种防守方法主要是针对对方外线投篮比较准确，适合个人突破能力以及全队的整体进攻配合质量相对较差的球队采用。防守的范围一般在8~10米，力求有效遏制对方的外线进攻，打乱对方的行动计划。同时半场扩大人盯人战术也用于加强外线防守，切断内外线之间的联系，使进攻中锋没有获得球的机会，破坏对方内外结合的习惯打法，造成对方心理的紧张，并及时组织夹击控球队员，迫使其传球失误，为抢、断球发动快攻创造机会。

半场缩小人盯人防守是一种相对较松动型的防守方法，重点是加强对进攻队内线队员的防守，这种防守方法主要是针对对方外线投篮准确性相对较差，适合个人的突破和内线的攻击能力较强的球队采用。防守的范围一般在 6~7 米，是以加强内线防守，控制限制区附近为目的的针对性极强的防守方法，有利于保护篮下。对以外线突破和内线进攻为主的球队防守效果明显，可以有效地抑制对手进攻的节奏。同时，非常有利于控制防守篮板球，为发动快攻创造条件。

全场人盯人防守战术，是指在由攻转守的过程中，守方以最快的速度，在全场范围内找到每一名防守队员防守一名进攻队员，并在防守过程中根据球和攻方无球队员的各种变化，通过各防守队员之间和各防守区域之间紧密、协调配合，在全场范围内综合、全面地对攻方的各种进攻行动，进行积极主动的控制和制约的一种整体的防守战术。由于全场人盯人防守战术在战术结构上的一些特殊要求和战术系统在功能上所显现出的特点，也将全场人盯人防守战术称为全场紧逼人盯人防守战术。

人盯人防守也有自身的弱点和战术上的缺陷，主要表现为防守的队形相对分散，防守的位置和区域的变化较大，进而给整体的协防带来一定难度，容易被进攻队在弱点位置和区域上击破。

随着现代篮球运动的发展，人盯人防守战术方法与战术理念都得到了很大的发展。战术内容更加丰富，防守的攻击性和破坏性得到加强，各级球队都把它作为重要的战术方法和手段在训练和比赛中加以运用。从当今世界篮球比赛来看，尽管综合防守的趋势有所发展，半场人盯人防守依然是各队的主要防守阵式。

（二）人盯人防守战术的教学

1. 教学建议

（1）人盯人防守战术的教学，应以半场人盯人防守为主。首先组织半场人盯人防守战术教学，从个人脚步动作、防守技术运用及防守战术基础配合抓起，在此基础上进行全队防守战术配合的教学。

（2）可运用录像、战术沙盘、图表或黑板等手段，对人盯人防守战术方法、战术原则进行讲解、演示，使学生建立完整的战术概念，明确战术方法和战术运用的基本要求。

（3）先教半场缩小人盯人防守战术，再教半场扩大人盯人防守战术，再进行全场人盯人防守的教学。

（4）半场人盯人防守的教学，应先学习局部防守战术配合，即先教强侧的防守配合，再进行弱侧防守配合的教学，然后进行全队整体防守配合练习。

（5）全场人盯人防守应安排在半场人盯人防守教学之后进行，与进攻全场紧逼人盯人防守教学结合起来。

（6）全场人盯人防守重点学习前场和半场的紧逼防守方法；先进行2~3人配合练习，后进行全队战术配合练习。

（7）在教学与训练过程中要加强个人防守能力与提高防守基础战术的练习；加强攻守转换速度的练习和前场紧逼防守与夹击、补防的练习。

（8）在教学与训练过程中，要加强身体素质的训练，尤其是速度和耐力的训练；加强学生勇敢顽强、坚韧不拔的战斗作风和意志品质的训练。

（9）最后在半场或全场的对抗练习中，掌握和提高全队防守战术配合的方法和能力，在教学比赛中提高和培养学生的实战对抗能力和意识。

2. 教学组织

人盯人防守战术的教学组织，主要包括半场人盯人防守与前场人盯人防守两部分。

（三）人人防守战术的训练

1. 人盯人防守战术训练要点

（1）在训练中，积极贯彻以防"球"为主的防守原则，对持球队员采用平步近身或贴身紧逼防守，扩大防守面积，封盖投篮，干扰传球，堵截运球，及时追防。

（2）半场人盯人防守训练的重点强调以盯人为主，人球兼顾、注重协防；在盯人时要根据球在场上的位置，随时调整防守对手的位置和距离。

（3）在训练中，强调对无球人的防守采用"错位"抢前防守，做到人、球区兼顾。根据对手距球的远近抢占有利的位置，限制对手接球，堵截其向球移动和空切篮下的路线，积极破坏无球队员的配合行动，减少进攻队员获得接球的机会。

（4）在抓好个人防守的基础上，加强防守基础配合与协防、补防的训练，以增强队员的配合意识与能力。

（5）加强防守的针对性训练，有计划地安排对进攻队的重点攻击区与攻击点的防守训练。如采用缩小人盯人防守对方中锋的篮下强攻和外围运球突破。当对方篮下攻击能力不强、外围投篮准时，采用扩大人盯人防守的半场紧逼防守训练。在防守过程中都应加强防守的伸缩性与应变性训练。

（6）训练中，应强调对内线的防守以破坏其接球为重点。根据中锋进攻的特点，合理采用绕前防守或围守中锋的防守方法，其他队员及时轮转补防。

（7）对全场紧逼人盯人防守的技术训练重点在于高强度的防守能力与专项身体素质的保障。个人防守能力中的快速移动防守能力与身体对抗能力是保证全场紧逼人盯人防守战术的基石。

2. 人盯人防守战术训练方法

（1）移动选位的防守练习。防守的选位与移动是掌握半场人人防守战术的基础，通过此环节的训练，使队员明确防守对手在运用中的基本要求，提高队员个人防守技术的运用能力，为学习全队人盯人防守战术打好基础。

（2）局部防守配合的练习。局部防守的配合练习是全队防守战术的一部分，可根据本队的具体防守战术方法在练习中提出相应的要求，掌握配合方法，提高配合质量，逐步与全队防守战术相衔接。

（3）全队5人完整战术配合练习。组织完整战术配合练习时，应根据本队战术的安排，按照半场扩大（缩小）人盯人防守的战术要求，侧重组织练习，逐步掌握半场人盯人防守战术方法。

（4）局部防守配合的分解练习。全场人盯人紧逼防守是通过在前场中场、后场的不同区域实施的3个阶段的防守而进行的防守战术配合。在训练中也应遵循这一规律分区分阶段进行训练，组织练习。

（5）全队整体防守战术的练习。全队整体防守的练习是学习与掌握全队战术方法的重要环节，在练习中，可根据队员的训练水平，提出练习要求，改变练习条件，逐步地过渡到正常条件下的攻守对抗练习，掌握全场紧逼人盯人防守战术方法。

二、进攻人盯人防守战术

进攻人盯人防守战术是现代篮球进攻战术体系的重要组成部分之一，是针对人盯人防守的特点、防守范围的大小及防守队员防守能力的强弱，并结合本队实际情况而制定的一种有组织的全队配合方法。比赛中，由于人盯人防守的普遍运用，进攻人盯人防守战术成为各级球队必须掌握的主要战术内容之一，以便适应比赛中战术变化的需要。

（一）进攻人盯人防守战术的概述

（1）进攻半场人盯人防守战术。进攻半场人盯人防守战术是进攻队根据对方在前场不同的防守形式与防守特点，从本队的具体情况出发，最大限度地发挥队员的特点，通过一定的阵型，综合运用各种掩护、突分传切和策应等基础配合所组成的全队进攻战术方法，是比赛中运用最多的一类进攻战术方法。

随着半场人盯人防守战术运用越来越频繁，以及个人防守能力的增强和整体防守的更加协调，增加了现代篮球运动对抗的激烈程度。同时，也促进了进攻人盯人防守战术的发展，使进攻更讲究连续性和实效性，使进攻人盯人防守战术更加灵活机动，特别是现代篮球比赛中进攻半场人盯人防守战术运用的多样性、复杂性及打法的流畅性，凸显了进攻人盯人防守战术在现代篮球运动发展中极其重要的地位。

（2）进攻全场紧逼人盯人防守战术。进攻全场紧逼人盯人防守，是指进攻队根据防守队在全场范围内进行紧逼人盯人时所采用的进攻方法和行动，是篮球进攻战术系统中的一种全队进攻战术方法。

由于进攻全场紧逼人盯人防守战术是在全场的区域里进行的，因此，与半场进攻的全队战术相比，无论是从时间、空间或战术难度上都有相当大的差异。进攻全场人盯人防守时，整个战术过程可分为前、后两个阶段，前阶段是后场进攻，后场进攻时接应发球和推进是关键环节；后阶段是进入前场后的攻击，进攻方法与进攻半场人盯人防守相似，重要的是及时根据防守队形和场上情况相应布阵后连续地、不间断地使用进攻人盯人的具体战术配合。

进攻全场人盯人防守的方法很多，从进攻的形式上可归纳为两类：一是快速进攻法；二是阵地进攻法。

（二）进攻人盯人防守的教学

1. 教学建议

（1）应首先学习掌握半场人盯人防守战术然后再学习进攻半场人盯人防守战术。开始练习时，要让每名队员了解全队的战术落位阵形、进攻时机、移动路线、主要攻击面和攻击点及变化规律。

（2）应先在无防守和消极防守的情况下进行队员的战术分位练习，提高个人技术运用能力和基础配合的质量，然后进行全队战术配合练习，在此基础上加强防守，提高练习难度和对抗强度。

（3）在实战中检验队员对全队战术方法的理解和掌握程度，通过比赛的信息反馈，不断总结分析，以此提高战术水平。

（4）进攻全场紧逼人盯人防守的教学，应放在全场紧逼人盯人防守后进行。要让学生了解进攻全场紧逼人盯人防守战术的特点和要求，了解全队战术配合方法，明确由守转攻时，队员的分工落位、进攻时机、移动路线、主要攻击面和攻击点及变化规律。

（5）教学中应采用分解教学法分段教学，先学习前场和中场的配合方法，再学习整体战术配合方法。练习时，重点加强后场和中场的掩护、传切、突分和策应配合的训练，同时加强由守转攻时的反击速度和意识的训练。

2. 教学组织

进攻人盯人防守的教学，主要包括进攻半场人盯人和全场紧逼人盯人两部分的内容。

（三）进攻人盯人防守战术的训练

1. 进攻人盯人防守战术训练要点

（1）结合本队的实际，加强配合技术的训练，重视不同形式下的传切、掩护、策应与突分等配合方法的练习，提高队员灵活运用 2～3 人战术基础配合的能力。

（2）结合本队战术方法，加强局部配合的练习，将队员的技术特长与全队战术配合相结合进行训练。

（3）重视攻守转换意识与转换速度的训练，特别是进攻全场紧逼人盯人防守的训练。

（4）进攻人盯人防守战术的训练，应使队员明确全队战术配合的方法，以战术训练为中心，把身体、技术意识和作风融为一体进行训练，严格战术纪律，加强战术运用变化能力的培养。

（5）根据本队情况，组织多种的战术方法训练，提高全队战术运用的应变能力。

2. 进攻人盯人防守战术训练方法

进攻半场人盯人防守的方法很多，但都有其共同的特点。在训练中应根据本队的技战术特点，掌握多种进攻方法，针对不同的防守阵式合理地运用。

3. 进攻全场紧逼人盯人防守战术的练习

（1）全队战术配合的分解练习。进攻全场紧逼人盯人防守的分解练习，应以提高攻守转换能力与抢发球和推进球为重点，加强分散快下运球突破与传球快速推进等环节的训练。

（2）全队战术配合的整体练习。全队整体战术配合练习是全队战术训练的重要环节，训练中应从无人防守、消极防守，再逐步过渡到积极防守中去，掌握配合方法，最后提高各种形式的对抗比赛，提高战术配合的质量掌握战术运用的变化。为增加进攻的难度，可在前场或中场增设一名防守队员担负堵截、夹击断球任务。在训练过程中，对攻守双方的成功次数以及技术运用和配合上出现的问题进行临场统计，检查训练效果，以便对运动员及时给予鼓励并指出存在的问题。

第四节　攻守区域联防战术

本节主要就区域联防的战术基础、特征、运用特点和进攻区域联防的基本要求、阵型，以及攻守区域联防战术的教学组织、训练要点和方法进行介绍。

一、区域联防

区域联防是在半场范围内通过队员有策略地分区位组织的专门阵型和配合方法而形成的一种防守战术方法，有其鲜明的战术特征和比赛功能，是篮球全队防守战术体系的重要组成部分。当前，区域联防已成为各级球队战术训练的重要内容，也是体育院校篮球专修课战术教学的重点内容之一。

（一）区域联防的概述

区域联防是把五名队员的防守责任和防区有机地联系起来，防守队员的防守范围较为固定，分工明确，防守力量集中。因此，它能很好地发挥集体防守的优势，弥补个人防守技术的薄弱点，有利于保护和协同防守篮下攻击威胁限制对方的内线进攻，破坏对方的运球突破进攻，有利于组织抢防守篮板和迅速发动快攻反击。

区域联防战术的防守重点是内线，最显著的特点是守区防球与保篮下。在防守中，根据球的位置、移动变化和进攻队员的穿插移动，不断地调整防守位置，在各自的防守区域内，监视和限制进攻队员的活动，加强对有球区域和篮下的防守，严密封锁球入内线，强守篮下，防止对方的投篮。

区域联防主要运用于外围中远距离投篮不准，但内线威胁较大的球队，或用于因对方频繁穿插移动和运球突破，本队个人技术较差或犯规较多时；也可以为了使对方不适应，作为战术调整的手段，或为了更有效地加强和组织抢篮板球和发动快攻而采用的方法。

进入20世纪80年代后，随着现代篮球运动的发展，单一的固定阵势的区域联防已不适应现代篮球比赛的需要，区域联防战术配合打法向着协同性、攻击性方向发展，突出积极主动性，制造陷阱造成对方被迫失误，增加了轮转换位、围守中锋、夹击防守等配合，还出现了把对位防守和人盯人防守的方法融入区域防守的综合性联防战术，即在联防中，根据进攻队的落位与球员的移动，有意识、有目的地进行阵型变化，即形成一对一的对位联防，既增强了防守的针对性，又避免了出现薄弱区域内的被动局面，这也是当今区域联防的发展方向。

对位联防是采用对位盯人与守区相结合并与进攻队员形成一对一的一种联防战术。在防守时强调根据自己的特点和进攻队的阵势部署形成相对的阵形，防守队员既要守区又要守人，并始终保持"一人一区、一区一人（指进攻队员）"的原则。本区无进攻队员时，要去控制附近的一名进攻队员，对持球队员和空切队员，均按盯人原则进行防守。当进攻队的阵势改变时，防守队也可以改为相应的阵势。对位联防的发展使区域联防更具针对性、攻击性和综合性的特点，极大地丰富了区域联防的战术内容。

（二）区域联防战术的教学

区域联防的战术是根据分区防守的站位队形而形成的，不同的战术阵型，其防守的作用也有所不同，各有其自身优势和薄弱环节。因此，应全面学习和掌握各种不同阵型的防守方法，有针对性地运用，才能更好地发挥区域联防的作用。

1. 教学建议

（1）区域联防教学应安排在人盯人防守及进攻人盯人防守之后，并与防守反击、快攻紧密结合。应以"2-1-2"区域联防为教学的重点内容，在此基础上学习其他的防守阵型。

（2）教学中，让队员掌握区域联防的基本原理，明确各种防守阵型战术特点及运用方法，然后进行分区、局部的分解练习待局部配合熟练后，再过渡到完整练习。

（3）练习时，先要求队员做随球移动选位练习，限制进攻队员的行动，可规定进攻队只能传球，不得突破和投篮。

（4）在队员基本掌握球在不同区域时的选位后，在球动、人动的情况下练习如何防守无球队员的背插、溜底线与围守中锋的配合。

（5）在正常攻防状态下，练习集体防守配合，最后通过教学比赛，巩固和提高战术质量。

（6）在教学训练中，要把抢防守篮板球和快攻反击纳入区域联防的战术训练中，提高队员完整的战术意识与攻守转换能力。

2. 教学组织

区域联防的教学内容主要有：2-1-2区域联防、2-3区域联防、3-2区域联防和1-3-1区域联防。不同的区域联防有各自的优势与薄弱环节，防守的重点与配合也有所不同，但防守方法有其共同点，可以2-1-2区域联防为教学的重点内容，在此基础上学习其他的防守阵型。

（三）区域联防战术的训练

1. 区域联防战术训练要点

（1）在训练中，要根据区域联防的阵型、队员的身高和技术特长，合理地分配队员的防守区域。把快速灵活、善于抢断球反击快的队员分配在外线防守区域，把身材高大、补防意识强、善于抢篮板球的队员分配在内线防守区域。一般情况下，保持小个子队员在外线防守，大个子队员在内线防守。如果换人出现以小防大的情况，尽量在外线，避免造成内线以小防大，否则就采用护送或轮转不换人的方法。

（2）在分工负责防守区域的基础上，强调5名队员必须协同一致，积极随球移动，集中加强对有球一侧的防守，兼顾远球侧，以防球为主，人球兼顾。根据情况队员可以越区、越位防守。

（3）防守持球队员，按照人盯人防守的要求，积极防守对手的投篮传球和运球，严防从底线运球突破。

（4）防守临近球的进攻队员时，要抢占有利的防守位置，减少对手在有威胁的区域内接球。同时，还要协助同伴进行"关门"夹击、补位等防守配合；对离球远的进攻队员要防止其背插、底线空切，还要协助防守篮下有直接威胁的进攻队员。

（5）当进攻队员采用频繁穿插移动，改变进攻阵型时，防守队员不仅要堵截其移动路线，还要针对进攻阵型，改变防守阵型。

（6）在训练过程中，队员要精神振奋、互相呼应、制造声势。训练中始终做到两腿弯曲，扬手探臂，积极协防，力争扩大防守控制面积，并要求队员积极拼抢球，一旦获球，立即快速反击。

（7）整体训练强化以球为主，随着球的转移，每名队员都要随球及时调整防守位置，随球的转移形成 5 人板块联动，保持联防的整体状态，对持球进攻者形成纵深防守；对无球队员形成控制性防守，体现联防的联动和整体性。

2. 区域联防训练方法

区域联防的训练应根据所选择的防守阵型进行分解训练，在队员基本掌握各局部区域的配合方法的基础上，再进行完整的全队战术配合练习。然后，在对抗中不断地改进与增强队员之间的默契与配合，通过比赛提高全队防守战术的应变能力。

（1）区域联防的分解练习。区域联防的分解练习重点是使队员掌握各个局部区域的防守方法，加强邻近区域队员之间的协调配合，为学习与掌握全队区域联防战术方法打好基础。

（2）全队整体战术配合的练习。通过全队整体战术配合的练习，使队员掌握各种阵势的联防战术方法，改进配合质量，并能在比赛中运用。

二、进攻区域联防

进攻区域联防是篮球比赛进攻战术体系的组成部分，是在个人与 2~3 人配合的进攻策略与方法的基础上发展起来的，是更为高级与强悍的全队进攻战术手段，其中蕴涵着丰富的理论与实践内容，已受到各级球队的重视，并得到了广泛的运用。

（一）进攻区域联防战术的概述

进攻区域联防是针对区域联防的特点、阵形和变化规律所采用的一种阵地进攻方法，是篮球战术体系的重要组成部分。

采取进攻区域联防时，球队应贯彻快速进攻的指导思想，提高由守转攻的速度，力争趁对方未形成防守阵形时抓住战机发动快攻。快攻未成，进入阵地进攻时应针对区域联防的阵形，采用相应的进攻阵形。队员要清楚地认识到任何形式的区域联防都有其防守的薄弱区域，要善于利用这些薄弱区域发动攻击，确定进攻阵型的原则是根据进攻的点、面和本队队员的技术特点，合理部署队员占据其区域联防的薄弱区域，避免与防守队员形成一对一的站位，在局部区域形成以多打少的优势，并始终保持攻守平衡。

进攻区域联防战术方法的成功运用，要建立在熟悉并掌握各种区域联防的特点和规律的基础上，抓住区域联防的薄弱环节明确攻击的原则和重点，有组织地进行针对性的进攻。通过"球动""人动"来调动防守，打乱对方防守阵形，使防守顾此失彼，出现漏洞，创造以多打少和连续进攻的机会。因此，要多利用策应、溜底线、背插、掩护、突分等配合破坏防守的整体布局，创造良好的投篮机会；同时，加强内外结合，提高中远距离投篮命中率，扩大进攻区域、增加攻击点，迫使对方拉大防区，趁机组织中区策应配合，破坏联防的整体性，创造良好的进攻机会。篮板球争夺是进攻和防守的焦点，应该放到进攻区域联防的重要位置上，积极拼抢前场篮板球，争取补篮及二次进攻。

（二）进攻区域联防的教学

1. 教学建议

（1）进攻区域联防战术的教学内容应以"1－3－1"阵形落位进攻"2－1－2"区域联防为重点，在此基础上学习其他配合方法。

（2）教学时，应通过多种途径讲清楚全队进攻区域联防的战术阵形和配合方法，使学生建立完整的战术概念。

（3）从分区、分位练习着手，让队员明确各个位置上的进攻配合方法，然后进行全队的完整配合练习。首先在无防守或消极防守条件下练习，其次在积极防守对抗条件下练习，最后在教学比赛中巩固、提高。

（4）练习时，应根据本队的具体情况，确定进攻战术方法和队员的位置分工。

（5）在全队完整战术训练时，先练习运用传接球调动防守，创造以多打少的机会，再练习溜底、穿插移动，最后练习"球动"与"人动"的配合。

（6）在掌握进攻区域联防的战术方法后，把快攻与阵地进攻结合起来进行练习，强调在快攻受阻时，阵地进攻落位迅速，并有步骤地组织进攻联防。

（7）为了让队员能够更好地明白进攻联防的区域位置和联防防守薄弱区域，可以先对区域联防进行教学，然后再过渡到进攻区域联防教学。

2. 教学组织

进攻区域联防的方法很多，应根据教学任务和场上的实际情况，针对不同的防守阵势选择好进攻阵型，在此基础上组织进攻区域联防的战术教学。

（三）进攻区域联防的训练

1. 进攻区域联防训练要点

（1）重视进攻区域联防的落位布阵，合理选择进攻阵型是进攻区域联防的基础。在训练中，应使队员明确落位的正确方法与合理性，识别并掌握不同区域联防形式的薄弱环节。

（2）抓好由守转攻的反击意识、强化快攻的组织与配合能力的训练。

（3）有针对性地强化中远距离投篮，抓好背插、溜底、突分、策应等进攻配合的质量。

（4）在训练中，抓好传球转移，强调抢位接球，做到"快、灵、准"的高度结合。

（5）要把抢篮板球纳入战术训练的安排中，加强抢篮板球与由攻转守的训练。

（6）要把分解练习与全队战术的完整训练有机地结合起来进行练习，有目的地组织对抗性的练习，不断改进进攻方法，提高各个环节的配合质量与个人攻击能力。

2. 进攻区域联防训练方法

进攻区域联防的方法很多，全队战术配合的攻守对抗练习是改进和提高全队配合的重要环节。练习中，发现问题应及时纠正，并逐步提高对抗强度，稳步过渡到比赛实战。

第五节 攻守全场区域紧逼战术

攻守全场区域紧逼战术是篮球攻防战术的重要组成部分，也是体育院校篮球专修课全队战术教学训练的内容之一。

一、全场区域紧逼防守战术

全场区域紧逼战术是一项攻击性很强的防守战术方法，兼有区域联防和人盯人防守两种防守战术的优点。全场区域紧逼战术的运用，集中体现了现代篮球防守战术的主动性、攻击性和整体性，是篮球比赛中防守获球及反击得分最迅速、最有效的战术方法之一，也是区域紧逼防守战术体系中的主要防守战术方法。

（一）全场区域紧逼防守战术的概述

全场区域紧逼是指由攻转守时，防守队员在全场范围内，按照不同的分工各自负责防守进入该防区的进攻队员，并以一定的阵型把各个区域有机地联系起来，运用追堵夹击，主动出击，争取以多防少的优势而组成的一种全队防守战术方法。它是区域紧逼防守战术体系中的主要内容。

全场区域紧逼战术常常是在对方未防备的情况下，所采用的战术变化，突然性很强，往往使对方措手不及，以致在防守的阻截、夹击中产生失误或违例而陷于被动。全场区域紧逼防守充分利用场地空间和对手展开对抗，具有较强的威慑性和攻击性；全场区域紧逼战术的合理运用，能有效地破坏对方的习惯打法，打乱对手进攻部署，有利于发挥本队队员的积极性和防守的主动性，对鼓舞本队士气、加快攻防节奏，创造更多的抢断球机会，掌握场上的主动权都具有积极的作用。

全场区域紧逼要求队员的个人防守能力要强、协防意识要好、速度快、反应灵敏，还要求队员具有坚强的意志、充沛的体力，同时对整体行动意识的要求也很高，要求球队能在很短的时间内展开紧逼、追防、夹击和抢断等攻击行为，因此在一般球队运用较少。通常多在比赛时间将至，比分落后且有望反超时使用。

全场区域紧逼主要争夺的地区是前区和中区，对不同区域防守队员的防守能力具有不同的要求，特别强调要合理地部署本队的防守力量。

全场区域紧逼的防守重点是：以防球为主，守区人即根据球的位置和进攻队员的分布情况，既在区域中紧逼盯人，又在紧逼盯人中严守防区；以守区盯人为基础，主动向球进攻，不轻易让球超越自己的防区，强调"向球移动控制中场逼走边角、积极追堵、对球夹击"。在防守中主动出击，以多防少；在争夺球时，以少防多、盯住人，有组织地破坏对方的进攻行动和配合。

全场区域紧逼防守的难点是：由于落位部署需要一定的时间，因此，不能及时破坏攻守转换意识强的队的进攻，不利于控制对方和组织抢篮板球发动反击。

（二）全场区域紧逼防守战术的教学

1. 教学建议

（1）全场区域紧逼的教学，首先应强调由攻转守时，防守队员要根据确定的防守队形，各自分工的防区快速落位，就区盯人。

（2）全场区域紧逼的教学应以"1－2－1－1"防守阵型为教学的主要内容。通过讲解、演示明确防守的落位及球在前、后场时的职责要求，建立完整的战术配合概念。

（3）当学生明确整体防守后，可按在前场、中场后场的配合方法，进行分解练习，然后再进行各区域之间的衔接练习，最后进行全场或半场的完整练习。

（4）在对抗练习时，进攻速度可由慢到快，进攻方法可由固定到多变，逐步提高防守质量。

2. 教学组织

区域紧逼防守的攻击力之所以很强，是因为这种防守战术兼用了区域联防和人盯人紧逼两种防守战术的优点，并具有综合性、机动性和攻击性的特点，充分体现了现代篮球运动所提倡的积极、主动、攻击的防守理念。

（三）全场区域紧逼防守战术的训练

1. 全场区域紧逼战术防守训练要点

（1）全场区域紧逼是以不同的分工在全场范围内所展开的集体防守，

全队的整体行动尤为重要。因此，在训练中应加强防守的积极性，强调统一行动，转换速度要快。

（2）训练中，强调队员的防守气势与作风，要用强大的声势压倒对方，造成对方慌乱而陷于被动。在训练中特别注意培养队员勇敢、顽强、敢打敢拼的意志品质和思想作风。

（3）对持球队员的防守是训练的重点，必须贯彻"控制中区，逼走边角"的防守原则，不断组织堵截夹击，近球区以多防少、远球区以少防多，积极移动，不断调整位置和协防展开攻击。

（4）在队员掌握了固定区域内固定队员落位后，可逐渐过渡到固定区域不固定队员的训练，提高由攻转守的灵活性和机动性，以便加快攻守转换速度。

（5）训练中要结合区域紧逼的特点和要求提高队员的身体素质，特别是速度和耐力，同时要提高个人防守能力，加强抢球、打球、断球技术和以少防多、轮转补位等能力的训练。

2. 全场区域紧逼防守战术训练方法

（1）全队战术配合的分解练习。全队战术配合的分解练习是学习与战术训练的重要环节，有助于队员熟悉与掌握战术各个环节与不同位置的配合方法与要求。

（2）全队整体防守配合的练习。全队整体战术配合练习是全队战术训练的重要环节，训练中首先应强化攻守转换速度，从落位布阵到限制进攻再逐步过渡到正常攻防中去，掌握整体配合方法；通过各种形式的对抗训练，提高战术配合的质量。

二、进攻全场区域紧逼防守

（一）进攻全场区域紧逼防守战术的概述

进攻全场区域紧逼防守战术是针对全场区域紧逼防守的薄弱区域采取插空站位，抓住防守的薄弱环节，运用运球突破中区策应和快速传球推进等手段而组织的一种全队进攻战术配合方法。

当采用进攻全场区域紧逼防守战术时，队员要沉着冷静，不要因对方的紧逼而慌乱并造成失误。由守转攻时，争取在对方队员未到区落位展开堵截之前迅速发动反击、快攻，由于场区域紧逼是按一定的队形划区落位盯人，防守力量的配备总有薄弱的区域，很难将防守集中在一条直线的进攻阵型。因此，有针对性地组织快攻和抓住防守弱点展开进攻，要以最有效的方法将球推进到前场为原则。进攻时，强调要针对区域紧逼防守的规律，按"以快制逼，中路突破"的原则，可采取相应的回传跟进、转移攻向、运球反跑、中区策应、组织空切等方法组织进攻。进攻时，要多传短球、快球，少做长传球和高吊球，少运球，特别是少向边角运球，更忌在边角停球，防止对方的堵截夹击。常用的主要进攻方法有以下几点。

（1）回传跟进：区域紧逼，不轻易让球越过自己的防区，经常对持球队员组织夹击，向前的传球常被防守队员抢断。因此，进攻时应在对方夹击尚未形成之前将球传出。这就要保持一个队员处于球的后面，随时准备接应被夹击队员的回传球。"回传跟进"是在进攻区域紧逼中设置的"安全后卫"，是破坏夹击的有效方法。

（2）转移攻向：当采用"回传跟进"破坏了对方的夹击之后，进攻队应迅速组织向当时防守队形较薄弱地区的进攻，有目的地转移进攻方向，以突破对方的防线。

（3）远球反跑：为了配合迅速，安全地转移进攻方向，迫使区域紧逼防守做较大的移动，处于远球位置的队员应进行反跑，回来接应转移进攻方向的传球。

（4）中区策应：在进攻区域紧逼时，"中区策应"起着前后衔接、左右呼应的作用，它不仅接应了转移后的传球，更重要的是连接前后场的进攻，使球迅速推进。同时，队员位于中区，增加了传球出手的方向和路线。担任"中区策应"的角色，应当是速度快、技术全面、战术意识强的队员。

（5）组织空切："中区策应"后，防守无球队员处于"球在背后"的境地，进攻队员应抓紧有利时机，组织空切，突破防守，在篮下附近形成以多打少的局面。

进攻区域紧逼战术方法的运用，应结合临场变化情况，灵活运用。例如，"转移攻向"不一定是转向最近的队员，根据临场情况，也可直接传给篮下的队员，或跑上来策应的队员。进攻方向的转移也可能由于防守的阻挠不止一次地转移。总之，要明确基本要求，掌握配合方法，提高战术意识，结合比赛实际情况灵活运用，才能取得较好效果。

（二）进攻全场区域紧逼防守战术的教学

进攻区域紧逼应根据区域紧逼的特点和本队的实际情况，有针对性地组织战术配合方法。

1. 教学建议

（1）进攻全场区域紧逼的教学与训练，应使学生明确区域紧逼防守战术的要求和优缺点、了解各种不同阵型的变化，有针对性地选择进攻区域紧逼防守的战术配合方法。合理地安排每名队员的战术位置，充分发挥特长，组织有效的全队进攻战术。

（2）在教学时，明确配合方法和自己的职责与任务。首先在无防守的情况下，按全队的进攻战术路线，从掷界外球开始，熟悉战术配合路线，逐步掌握每个位置的战术方法；其次结合防守，进行球在前、中、后场不同位置的分解进攻练习和衔接，然后逐步过渡到进行全队战术的完整练习；最后在积极防守条件下，通过教学比赛，改进和提高战术意识，熟练掌握全队战术配合方法。

（3）在教学与训练中，要强调趁对方尚未按阵形落好位之前立即发动快攻；利用对方将要形成有组织的夹击之前，迅速转移进攻方向，抓住阵型变化的空当，快速使球突破对方的防线。

（4）应在学会全场区域紧逼防守战术的基础上，再安排进攻全场区域紧逼防守的教学与训练，把防守与进攻结合起来。

（5）通过战术分析、教学训练和比赛的实践，加强心理训练，克服队员在全场区域紧逼时容易出现的恐惧心理，强调在进攻中保持冷静的头脑。

2. 教学组织

进攻全场区域紧逼防守战术的方法较多，教师应根据教学任务、学生的实际情况，有针对性地设计与选择好具体的进攻方法，可以进攻全场"1-2-1-1"区域紧逼为主要教学内容，在此基础上，学习其他进攻方法。

（三）进攻全场区域紧逼防守战术的训练

1. 进攻全场区域紧逼防守战术训练要点

（1）全场区域紧逼是整体性很强的防守战术方法，强调防守的气势与精神。在进攻区域紧逼防守的训练中，应重视队员的心理训练，强调沉着冷静，统一思想、统一行动。

（2）要强化由守转攻的转换意识与转换速度的训练，使队员充分理解全场区域紧逼的防守规律，明确进攻全场区域紧逼的基本方法与特点。

（3）在训练内容与练习方法的选择上，有意识地结合快攻与抢攻的训练，加强快速反击和前后场的衔接训练，明确接应点和战术的机动变化，有重点地组织进攻全场区域紧逼战术的训练。

（4）针对区域紧逼防守的特点，应把后场球如何快速安全推进到前场作为训练的重点；无论选择何种进攻方法，针对区域紧逼"逼球走向、死球夹击"的防守策略，应把"中路突破、中区策应"作为训练的重点内容，强调球的快速转移与向前推进。

（5）在训练中要求队员保持沉着、冷静，克服紧张急躁情绪；不断提高队员个人控制球的能力，强调快跑快传，多短传，少运球，空切跟进，中路策应，边角不要停球，全队注意呼应。

（6）在训练中，要重视队员的观察与协作能力的培养；把既定方法与机动进攻结合起来，强调进攻原则与基本要求，充分调动队员的主观能动性，培养良好的战术素养与配合意识。

2. 进攻全场区域紧逼防守战术训练方法

全队战术配合的整体练习是掌握全队战术方法的重要环节，训练中先要强化攻守转换速度，从落位布阵无人防守进行消极防守，再逐步过渡到正常攻防中去，掌握整体配合方法；通过各种形式的对抗训练与比赛实战，提高战术配合的质量。

第六章　高校篮球运动游戏

篮球游戏是指以篮球和篮球场为主要道具和场所，有特定的目标和任务，并在一定规则制约下组织的一种活动形式。

第一节　篮球运动游戏概述

篮球游戏的内容丰富、形式多样、组织简便、氛围轻松，又带有竞争性的因素，因此对篮球教学训练有很大帮助，是篮球教学开始的热身运动或结束时进行放松运动的最佳选择。篮球游戏大多是集体分队进行。篮球游戏在篮球训练中的意义在于可以使球员通过游戏培养球员的集体主义精神；培养英勇顽强的优良品德和作风，提高观察与判断能力；有利于篮球意识的强化和形成，这些都对篮球教学训练的顺利进行起着积极的作用。

一、篮球游戏的特点

篮球游戏是体育游戏与篮球训练的结合。因此，篮球游戏具备篮球训练和体育游戏两方面的特点。除此之外，篮球游戏还具有一些专属于自身的特点。

（一）目的性

篮球游戏的娱乐性和其进行时产生的轻松氛围会让人容易忽略训练的目的。篮球游戏并不单纯是一项娱乐游戏，而是在游戏中蕴涵着许多训练内容。例如，增强篮球球员的体质和提高篮球技能就是篮球游戏的主要作用。

不同的篮球游戏拥有着不同的针对性。有的篮球游戏针对运球能力的培养，有的针对传球能力的培养等。此外，篮球游戏还具有合理安排运动负荷的作用，如在进行了大运动量训练后，安排一些篮球游戏以调整球员的体能分配。

（二）灵活性

篮球游戏的灵活性体现在游戏中的动作、路线、规则及场地器材都是根据参加者的实际情况进行设计、选择和变化的。其具体表现如下：

（1）篮球游戏中的动作，可以根据参加者的具体情况和不同要求作相应变化，可以是正常的跑、跳、投；也可以是变异的各种跑、跳、投；可以提出严格的动作规范，也可以淡化动作规范等。

（2）篮球游戏中的路线，可以根据参加者具体情况和不同要求作相应的变动，可以是直线、曲线，也可以是弧线、螺旋线；可以一次直接到达终点，也可以几个人接力到达终点。

（3）篮球游戏中的规则，需要简明扼要，不宜过分复杂。篮球游戏的规则可根据篮球游戏的目的，对活动的路线作不同限制，能产生不同的游戏效果。

（三）竞争性

篮球游戏的竞争性可以体现在体能、技能与智力的较量中，或者是体现在与同伴的协作能力、和集体的协作能力以及应变能力等方面。除此之外，篮球游戏还可以使弱者有机会成为获胜的一方。这也给实力强的一方提出新的挑战，必须充分发动思维，积极思考游戏规则等内容，把握游戏的本质，在篮球游戏中更好地挖掘人的潜力。因此，篮球游戏不仅能提高参与者的活动能力，还能培养创造性思维能力。

（四）趣味性

趣味性是一切游戏的根本属性，也是篮球游戏中的重要属性。由于篮球游戏本身所具备的趣味性和休闲性，因此可使球员在轻松愉快的氛围中进行，这对于情感调节、放松身心、娱乐休闲的开展、趣味性的竞争都有着积极的作用。球员轻松、自由、平等地参加游戏活动，把注意力集中于活动过程的乐趣上，从而获得自由展现的机会，使参与者拥有一种轻松愉快的心境。篮球游戏过程中的随机性、偶然性，会使游戏参加者产生浓厚的兴趣，满足人们情绪、情感上的需求，产生愉快的情绪体验，这也是篮球游戏的魅力所在。

二、篮球游戏的任务与要求

（一）篮球游戏的任务

篮球游戏也是篮球教学与训练的内容之一，其主要任务包括以下几点：

（1）正确、熟练地掌握篮球运动技术和技能。

（2）力求吸引球员始终保持持久的兴趣和旺盛的求知欲。

（3）调节和提高球员的兴趣、减轻疲劳感，提高教学训练质量。

（4）提高球员感觉器官的机能敏感性和稳定性，增强球员的思维能力。

（二）篮球游戏的要求

篮球游戏已经成为现代校园篮球教学和篮球专业运动队中经常使用的活动方法。在进行篮球游戏教学与训练时，应注意以下几方面的基本要求。

1. 满足篮球教学训练的需要

在制订篮球游戏教学计划时，要考虑到游戏的内容和方法是否符合球员所处年龄段的生理、心理两方面的发展需要。与此同时，还不能忽视篮球游戏对篮球训练的辅助作用，使游戏紧密配合篮球教学的任务，通过游戏提高球员的技能。游戏的内容不要过于复杂，否则会对教学效果产生不利影响。

2. 提高球员思维能力水平

通过篮球游戏，要充分发挥球员的想象力和创造力发展思维，提高认识能力。要做到这一点，教师应在教学的同时，对球员进行积极的启发和引导，从而提高球员的体力和智力水平，并有利于球员思维能力的形成和发展。

3. 加强球员的思想品德教育

篮球运动是一个 5 人参与的团队体育项目，因此集体协作的特点就是篮球运动的本质属性之一。在组织篮球游戏时，也需要特别注意在游戏中包含团队和集体的意义。

在游戏中，球员之间需要团结互助、协同配合，加强集体观念。教练在篮球游戏教学中要做到因人施教，要根据计划按部就班地进行，不能急于求成；要尊重、关心球员，成为球员的良师益友；要做到公正裁判，准确评定成绩等，通过篮球游戏加强对球员的思想品德教育。

三、篮球游戏的创编步骤与原则

（一）篮球游戏的创编步骤

1. 游戏任务的确定

作为一种具体游戏，篮球游戏的创编必须有具体的目的和任务。例如，为提高某项身体素质而培养兴趣。

2. 游戏素材的选择

篮球游戏素材要根据游戏的任务从篮球运动的本体内容中进行选择。例如，学习篮球某项技术，可以以该技术动作为素材。

3. 游戏方法的确定

游戏方法通常包括游戏的准备、游戏的队形及其变化、活动时间、空间地域范围及路线、接替方法和动作要求等内容。

4. 游戏规则的制定

制定游戏规则时，要注意正规的篮球规则的基本要求，符合运用技术与战术的规范要求，要明确合理与犯规、成功与失败的界限，制定出对犯规者的处理办法。另外规则要有利于维护游戏的安全。

5. 游戏名称的确定

游戏名称要具有教育性、形象性、激励性和象征性，还要简单易懂，能反映出该游戏的主要特点。

6. 游戏演示的示范

篮球游戏的创编是为了更好地进行篮球游戏教学训练任务的进行，对游戏进行科学合理的示范和演示，是篮球游戏获得训练效果的基础。

（二）篮球游戏的设计原则

篮球游戏本身具有辅助教学的作用，这个观点已经逐渐被广大体育教育工作者认可和重视。随着篮球运动的不断发展、创新，有越来越多的篮球游戏被设计出来。一个好的、富有实效的篮球游戏的设计需要按照一定的原则进行，主要包括以下几点。

1. 针对性原则

篮球游戏的设计应注意遵循针对性原则。为了符合这一原则，可根据本次教学和训练的目的和内容，球员的具体实际，以及教学训练的客观条件，如场地、器材、设备、天气等，有针对性地设计游戏的内容、方法、规则，还可以针对不同的教育目的，有针对性地设计和选择不同的篮球游戏。

在篮球教学训练中，运用和组织游戏的根本目的是使球员体能健康得到加强并有助于掌握技术，培养品质，发展与篮球有关的各种思维能力。因此，只有遵循针对性原则，教学训练的任务才能真正地落到实处。

2. 趣味性原则

趣味性是篮球游戏不同于篮球训练的根本因素。因此，设计篮球游戏时必须遵循趣味性原则。篮球游戏的趣味性更多地表现为具有较强的对抗性和竞争性。这种使人感到愉快的对抗或竞争能有效激发人的活力和潜在能力。

篮球游戏的趣味性，还在于设计者要设计和采用一些与日常习惯不同的动作、逐步提高动作难度及难以协调的动作，或者还可以采用一些新奇有趣的规则，使参与者能够全身心地投入到游戏之中，进而获得通过自己努力而取得成功的满足感。

3. 教育性原则

在设计篮球游戏教学活动中要考虑到游戏是否包含教育性因素，即从游戏的设计、命名、形式、方法到具体要求，都要立足于篮球的教育价值，避免设计出的游戏过分强调趣味性。因此，在篮球教学训练游戏中必须注意教育性原则。要重视培养参与者的道德品质、顽强作风、团结协作以及集体主义精神等。

4. 安全性原则

在设计篮球游戏时需要考虑到安全因素。开展篮球游戏一般会选择篮球场作为场所，篮球和标志杆作为器材，从表面上看是相对较为安全的，但在设计某些针对性强的游戏时也一定要注意贯彻安全性原则，避免参与者受伤，保障人身安全。

在以篮球运动技战术为素材的游戏中，球员往往会由于过度兴奋，出现不注重动作质量的问题。因此，在设计篮球游戏时，尤其要注意从游戏规则上保证动作规格，防止过大、过猛动作的出现，使球员的精力全部集中在做好游戏上面，从而达到学练统一的目的。

第二节　篮球运动身体素质类游戏

一、力量素质游戏

（一）推小车

游戏目的：锻炼学生的上肢力量，提高身体的协调性，培养团结精神。

游戏准备：篮球场地 1 块。

游戏规则：支撑前进的游戏者，两手必须超过中线或端线后，才能与对方交换。

游戏建议：根据学生的身体状况，可增加推车的距离。

（二）火车赛跑

游戏目的：训练腿部力量和动作的协调性。

场地准备：篮球场地 1 块。

游戏方法：将队员分成人数相等的两队，各成纵队站在起点线后，每个队员都把自己的右（左）脚伸给前面的人。左（右）手用手掌兜住后面队员伸来的脚，右（左）手搭在前人的肩上。排头不伸脚，排尾兜脚，组成一列"火车"，听到出发口令，全队按照一个节拍向前跳动，排头可以走步，"车尾"先通过前场端线队为胜。

游戏规则；如遇"翻车"或"脱节"，必须在原地接好后方能前进，列车完整通过终点才能计入成绩。

游戏建议：此游戏应根据队员不同条件来确定跳跃的距离。

二、速度素质游戏

（一）追捕

游戏目的：提高学生的移动速度和灵活性。

游戏准备：篮球场地 1 块。

游戏方法：游戏者全部分散在球场上任意跑动，指定其中两人为追捕手。游戏开始后，凡是追捕手触及的人必须用一手按住被触及的部位继续跑动，避开追捕手的触及。如果他第二次被触及，就用另一只手按住第二次被触及的部位继续跑动。在第三次被触及时他就要退出场外，等到第二个退出场外的人一起组成新的追捕手（组），再去追捕其他人。在新的追捕手上场时，被原追捕手触及的人即可"放"，跑动时一手或双手可不再按住被触及的部位，但若被新的追捕手触及，则仍需要按住被触及的部位再进行跑动。

游戏规则：

（1）追捕手的手触及被追捕队员才算有效，不得推、抓、拍打人，否则罚连续追捕两人后方可替换。

（2）以球场为界，跑出球场算主动离场，按被第三次触及处理。

游戏建议：如果参加游戏的人数多，可分两队进行。

（二）追球比赛

游戏目的：提高学生的反应能力、起动速度和观察能力。

游戏准备：篮球场地 1 块，篮球 1 个。

游戏方法：把学生分为人数相等的两队，分别站于球场的两条边线上，各队报数后每人记住自己的号数。游戏开始后，教师把篮球投向篮板，同时高叫"×号"，两队中的"×号"队员立即起动跑出接篮板球。如果是甲队的"×号"队员先接住球则先得 1 分，同时该队员立即持球跑到该队队尾并依次由后向前把球传至排头。与此同时，对方未抢到篮板球的"×号"队员则徒手绕过本队队尾跑到排头处。如果甲队的传球先到则甲队再得 1 分，以 2∶0 结束这一回合；如果是双方几乎同时到达又难以分清先后，则双方不得分，甲队则以 1∶0 结束这一回合。然后教师再叫另一号数，游戏继续进行。进行若干次或若干时间后计算双方得分，分多者获胜。

游戏规则：

（1）跑的队员必须在本队队尾绕过去，跑到本队排头处。

（2）队员必须依次传球，不得隔人传球。

游戏建议：抢篮板球后可运球跑。

三、耐 力 素 质 游 戏

（一）跑跳跟进

游戏目的：提高学生的有氧代谢水平。

游戏准备：篮球场1块，篮球2个。

游戏方法：把学生分成3~10人为一队，共两队，分别成纵队站立于篮板下左、右侧，两队排头各持一球。游戏开始后，两队排头把球掷向篮板随即原地跳起在空中接球，并把球再次投向篮板，其后一人跳起在空中接从篮板上反弹出来的球，再把球投向篮板，其他人重复同样动作，每个人掷完后回到本队队尾，先到30次的队获胜。

游戏规则：

（1）必须跳起连续在空中将球碰板才有效，否则取消已累加的次数，重新计算该队跳起打板碰板次数。

（2）不能落地，否则取消已累加的次数，重新计算该队跳起托球碰板次数。

游戏建议：可把两队分列于两端篮板下同时进行；提高游戏强度，可在球场另一端设一标志物，凡打板后必须跑步绕过标志物后方能回到该队队尾。

（二）淘汰赛跑

游戏目的：发展学生的速度耐力。

游戏准备：篮球场1块，画1个直径9~12米的圆，在圈外画一条线为起跑线。

游戏方法：游戏开始队员站在起跑线上。当教师发令后，可规定每人跑两圈，最后一个人被淘汰，其他人继续跑；然后再规定每人跑一圈，最后一个人被淘汰，其他人再继续跑。直到游戏进行到只剩6~8人时游戏结束，最后剩下的6~8人为获胜方。

游戏规则：

（1）听到信号后才能跑。

（2）超越别人时，应从右边越过。

游戏建议：根据人数适当安排场地的大小和规定跑的圈数。

四、柔韧素质游戏

（一）"斗鸡"

游戏目的：发展学生柔韧性和协调能力。

游戏准备：篮球场地1块。

游戏方法：两人一组，都用右手在背后握住后屈的右脚脚背，只用单腿支撑。左臂屈肘贴住身体，用合理冲撞的方法，在规定的时间内把对方撞出圈外，或者使对方握脚的手脱开，并且使悬空的脚触及地面为胜。

游戏规则：各组之间不要乱撞，允许做假动作、躲闪动作等，握脚的手脱手而脚没有触及地面，允许重新握住，不算失败。主要用肩部、躯干、腿部进行冲撞。

游戏建议：组织大家熟悉几次再正式做，时间不宜太长，两腿轮换练习握脚的方法可以变化，但不允许在体前提脚，以避免发生伤害事故。

（二）体前屈

游戏目的：改善学生的柔韧性。

游戏准备：篮球场地1块。

游戏方法：两人一组相对坐在地上，两腿伸直，两脚与对方双脚接触，上身向前倾，双手手臂伸直与对方手指相扣保持静止，保持时间长者获胜。

游戏规则：两腿不得分开或弯曲。

游戏建议：根据具体情况可用两手触摸或握住脚尖。

五、弹跳素质游戏

（一）双人蹲跳

游戏目的：提高协调性及下肢力量培养相互协作能力。

游戏准备：在场地上画两条相距 5 米的平行线，分别为起跳线与折回线。

游戏方法：将队员分成人数相等的两队，各成两路纵队站在起跳线后。每队由第一组开始，两人背对背下蹲，并以两肘相拷，准备做蹲跳。游戏开始听到口令后，二人同时协调用力向折回线跳进，跳过折线后，再迅速跳回。以先跳回的组为胜，胜者得 1 分。游戏按照上述方法依次进行，积分多的队获胜。

游戏规则：

（1）必须二人跳过折回线，才能折回。

（2）蹲跳时二人不得站起。

游戏建议：游戏前，应试做双人蹲跳动作。要求队员二人肘要拷紧，跳跃时要协调一致。可以轻声喊："1、2，1、2"以协调用力；双人蹲跳也可改为侧向的蟹行动作，即二人左、右脚同时依次向前走或跳进。

（二）双脚跳接力

游戏目的：提高学生跳跃能力和动作的协调性。

游戏准备：篮球场地 1 块，跳绳若干。

游戏方法：把学生分成人数相等的两队，分别成纵队站在篮球场的端线外，排头持绳做好准备。听到命令后，双脚跳绳到前场端线然后返回，把绳交给第二人，第二人按同样方法进行。

两组都完成后，以速度快慢分胜负。

游戏规则：

（1）跳绳必须在端线以外。

（2）只许双脚跳，不许单脚跳。

游戏建议：如器材充裕，每人一根跳绳；可采用其他跳法或几种跳法结合进行。

第三节 篮球运动单项技术类游戏

一、传球类游戏

（一）迎面传接球

游戏目的：提高学生的原地传接球能力。

游戏准备：篮球场地1块，篮球2个。

游戏方法：将队员分成三人一组并编号，队员①和队员③在罚球线延长线后，队员②在端线外，队员①持球。游戏开始后，队员①传球给队员②，并从一侧跑到队员②后面，队员②接球后传给队员③，也从侧而跑到队员③的后面，如此往返传接球，在规定时间内传接球次数多者获胜。

游戏规则：

（1）传球出手时不得踩线，不能边传边跑。

（2）传球方法可用双手胸前、双手头上以及反弹、体侧传球等方式。

游戏建议：教师可规定传球方式和增减传球距离。

（二）传球比多

游戏目的：提高学生在对抗中快速传接球的能力。

游戏准备：篮球场地1块，篮球1个。

游戏方法：学生分为人数相等的两队，比赛以中圈跳球开始。在整个篮球场内得球一方在本队队员之间连续传接球1次不被对方抢断，即得1分；如传接球未到规定次数而被对方抢断或自己失误，则取消已传次数直到该队重新获得球再从头计起；在规定时间内得分多的队获胜。

游戏规则：

（1）有球一方只能传球，不得运、投、带球走，否则算违规。

（2）抢断球时不得有犯规动作，否则抢到球为无效球，要将球交给对方在犯规处重新开始比赛。

（3）同队之间传接球已超过规定次数，而球尚未被对方抢去，可继续传接得分。

（4）同队两人间传接球不得连续进行，否则所传违例。

游戏建议：教师可以根据游戏者的水平规定传接球的次数；也可不规定具体传接球次数，按规定时间内传接球次数多的队获胜。

（三）传球追逐

游戏目的：提高学生快速传接球能力。

游戏准备：篮球场地1块，篮球2个。

游戏方法：学生分为人数相等的两队，相互交错站成一个圆圈，圆圈的直径约10～12米，每队各出一人手持一球背对背站立在圆圈中央。游戏开始，圆圈中的队员按同一方向传球给本队每一个人，该队的每个队员接球后又把球回传给圈中人，连续进行，两队所传的球互相追逐，超越对方的队获胜。

游戏规则：

（1）任何人不得故意干扰对方传球，否则算失败。

（2）圈中人只能在中圈内移动，逐一把球传给本队队员。

（3）传球失误或违例均算该队失败。

游戏建议：教师可规定传球方式。

（四）打"龙尾"

游戏目的：提高学生快速传接球的准确性，培养其灵敏度和迅速反应的能力。

游戏准备：篮球场地1块，篮球1个。

游戏方法：学生分为人数相等的甲、乙两队，甲队首先围成一个直径约10～12米的圆圈，乙队在圆圈内排成纵队，后面的人抱着前面人的腰组成"龙"，排头的队员为"龙头"，排尾的队员为"龙尾"。游戏开始后，圈外的人相互传球，捕捉时机用篮球掷"龙尾"，"龙头"则带领全队迅速奔跑躲闪或用手挡、打来球，以保护"龙尾"不被球击中；若"龙尾"被击中则到排头担任"龙头"，圈外的人再继续快速传球打断"龙尾"；直到规定时间停止，计算被击中的"龙尾"有多少人；然后与圈外的甲队互换角色，再进行同样的时间后，游戏暂停，算双方被击中的"龙尾"数，数量少者获胜。

游戏规则：

（1）圈外人不得缩小圆圈的直径以进入圈内打"龙尾"，否则打中无效。

（2）圈内的"龙"必须保持纵队队形，不能断开"龙尾"也不能缩在队伍内，否则算被对方打中。

（3）只准打"龙尾"腰部以下的部位，否则打中无效。

游戏建议：如果参加游戏的人数多，教师可把学生分为 3 个或更多的队轮流进行；也可采用在规定时间内被击中的人数少的队获胜的方法。

二、运球类游戏

（一）运球追逐

游戏目的：提高手脚协调配合、脚步移动和行进间控制球能力。

游戏准备：篮球场地 1 块，篮球 6 个或更多。

游戏方法：学生两人一组，每人 1 球，按图示路线相互追逐，追上得 1 分。然后恢复到原来的位置上，换另一只手运球追逐，这样重复练习，在规定的时间内得分多者获胜。

游戏规则：

（1）运球者只能在圈外运球追逐，不得踩线或进入圈内；凡出现 1 次踩线或进入圈内就算被对方追拍到 1 次。

（2）运球失误时要把球捡起来在失误处继续，此时追拍到前方者无效。

（3）必须用规定的手运球，否则追拍到前方者无效。

游戏建议：参加游戏的人数少，可只分两队进行对抗；参加游戏的人数多，可在球场的其他地方画几个同样大小的圆圈同时进行。

（二）运球打擂

游戏目的：提高学生的控制球能力。

游戏准备：篮球场地 1 块，篮球每人 1 个。

游戏方法：将学生分成若干组，每组 3 人，守擂一组的同学分别在篮球场的三个圈内运球，打擂一组的同学每个圈内进一人运球，同一个圈中的两个同学在运球过程中相互拍打对方的球，拍打到对方的球算胜，胜方得 1 分。每一组得到两分以上算获胜，负方下去，再换一组，如此反复直到最后算守播成功。

游戏规则：

（1）应主动拍打对方的球，不能消极进攻。

（2）运球相互拍打时不能出圈，否则对方得1分。

游戏建议：可以将拍打对方球换成摸对方后背；也可以将拍打对方球换成将对方挤到圈外。

（三）变向运球接力

游戏目的：提高学生快速移动中变向运球的能力。

游戏准备：篮球场地1块，篮球2个。

游戏方法：将学生分成人数相等的两队，分别面向场内站在同一端线的两个场角上排头各持一球。游戏开始后，排头队员运球起动在第一个障碍物前做变向换手运球，在第二个障碍物前做背后运球，在第三个障碍物前做后转身运球，然后运球分别到另一端线的两个场角，返回时仍按原路线和方法进行，并以手递手的方式把球交给本队的下一名队员，直至全队每人轮完一次，速度快的队获胜。

游戏规则：

（1）运球中必须有一只脚踏入罚球圈或踏到边线中点或前场场角，方能继续向预定方向运球前进，否则判为犯规。

（2）凡被判犯规者其所跑次数无效，判其在本队最后重跑一次。

（3）交接球必须以手递手方式进行，否则判为犯规。

游戏建议：可规定使用不同的运球方法进行此游戏。

（四）运球相互拍打

游戏目的：帮助学生熟悉球性，提高控制球和保护球的能力。

游戏准备：篮球场地1块，篮球每人1个。

游戏方法：全体学生人手一球分散于半场或三分线以内，自己运球并随时伸手拍打周围同学的球，同时注意保护好自己的球不被别的同学拍打。凡打到同学的球者得1分，被同学拍打到1次失1分，持续3分钟后统计每个人的得分，分数多者获胜。

游戏规则：

（1）只准在规定区域内相互拍打，否则算自动退出比赛。

（2）累计得分多者获胜。

游戏建议：可进行几个 3 分钟，以提高游戏难度；可在计算个人得分的同时计算全队得分，全队得分高者获胜。

三、投篮类游戏

（一）三分领先赛

游戏目的：锻炼学生的心理素质，提高三分球命中率。

游戏准备：篮球场地 1 块，篮球若干个。

游戏方法：把学生分为人数相等的两队，在两个零度角三分线外投篮，比赛的顺序是甲 1、乙 1、……；甲 2、乙 2、……。先进 5 个球的一方获胜。

游戏规则：队员按顺序进行比赛，中途不得交换位置。

游戏建议：投篮点可改变，如在 45 度角处、弧顶处；可要求各队大声报出本队投中数，给对方增加心理压力，同时鼓励本队。

（二）罚球比赛

游戏目的：提高学生原地投篮技术动作的质量和命中率。

游戏准备：篮球场地 1 块，篮球 2 个。

游戏方法：把学生分成人数相等的两队，两队面向球篮成纵队站立于罚球线后，排头各手持一个篮球。游戏开始后，各队从排头开始依次罚球，无论投中与否都由投篮队员自己去抢篮板球传给下一个队员，如此循环下去直到完成规定的投中个数，先完成者获胜。

游戏规则：按篮球比赛的罚球规则执行。

游戏建议：可规定全队每人投篮出手次数或时间累计投中个数，投中个数多的队获胜。

（三）抢投 30 分

游戏目的：提高学生快速投篮的能力。

游戏准备：篮球场地 1 块，篮球 4 个。

游戏方法：把学生分为人数相等的 4 个队，每两队用一个篮筐，各队在距篮圈 5 米的 45 度角纵队站好，排头各持一球。游戏开始后各队从排头起做原地跳投一次、罚球一次，自投自抢，无论投中与否，都要把球传给下个队员，依次按同样方法进行。按跳投投中得 2 分、罚球投中得 1 分的分值累计直到投满 30 分，以完成的快慢排列名次。

游戏规则：

（1）严格限制投篮距离跳投时的起跳点不能越过规定范围。

（2）不得故意干扰对方投篮。

游戏建议：根据学生的水平，教师可对投篮距离提出不同的要求或规定。

（四）投篮升级比赛

游戏目的：帮助学生在不同角度、不同距离的投篮中改进动作，提高投篮的命中率。

游戏准备：篮球场地 1 块，篮球 2 个。

游戏方法：在距投篮区 5.5 米处，设 0 度角、45 度角、60 度角、90 度角五个投篮点。将学生分为人数相等的两队，分别成纵队站立于左、右两边的 0 度角上，排头各持一球。游戏开始后，两队自排头起依次按规定要求进行投篮，逐一投完五个点，最先回原起点的队获胜。

游戏规则：必须投中才能到下一个点投篮。

游戏建议：可按规定时间，投篮命中得多的队获胜。

第四节 篮球运动综合能力类游戏

综合能力是人在思维中把客观对象的各个部分结合成一个有机整体进行考察、认识的技能和本领。思维中的综合，是把客观存在的各个要素、层次和规定性，用一定线索联系起来，从中发现各个要素之间的本质关系和发展的规律。借助综合能力，可以对决策对象的认识由小到大，由低到高，由零散到完整，由局部到整体，从而把握全局，立足长远，使决策不偏离方向。

一、突 围

游戏目的：提高学生的对抗力量、反应能力和灵活性。

游戏准备：篮球场地 1 块。

游戏方法：把参与者分为人数相等的甲、乙两队，先由甲队队员相互握手腕站成一个圆圈，把乙队全体队员围在圆圈内游戏开始，乙队队员要设法从圈内挣脱出圈，甲队队员要设法阻止对方从圈内向外突围。到规定时间为止，双方交换圈内外角色。一个回合后计算双方突围的人数，突围人数多的队获胜。

游戏规则：

（1）圈内的队员只能使用巧法而不是用手拉开对方握住的手腕突围，否则算犯规。

（2）圈外的队员可用握住的手拦住对方，但不可以松手抓对方，否则算犯规。

（3）若圈外队员犯规，算对方突围成功；若圈内队员犯规，则突围无效。

游戏建议：在参加的人数多的情况下，可分几个队同时进行。

二、"关门"

游戏目的：提高学生的防守技术，培养相互配合意识。

游戏准备：篮球场地 1 块，篮球若干个，在场地上画几个与中圈等大的网。

游戏方法：在每个圆心放一个固定不动的篮球，每组分防守 4 人和进攻 3 人站于圆圈外。游戏开始后，在两分钟时间内，攻方利用身体假动作、转身急停及各种脚步动作设法进入圆圈触摸球，而防守则通过快速的移动及相邻两人的"关门"配合不让对方进入圆圈内摸球，计攻方进入圆圈触摸球的次数。到规定的时间，两队交换位置，游戏重新开始。最后摸球次数多的队获胜。

游戏规则：

（1）只能依靠身体快速地移动来防守对方进攻，不能用手臂阻止对手。

（2）进攻方不能有推人动作。

游戏建议：进攻和防守的人数可适当增加或减少，但防守队员至少比进攻队员多一人。

三、双人抢球

游戏目的：培养学生的抢球意识，提高抢球能力。

游戏准备：篮球场地 1 块，篮球每 2 人 1 个。

游戏方法：把学生分为人数相等的甲、乙两队，相距 1 米左右成横排站立，两队的队员之间相距 1 米左右。在甲、乙两队队员间放一个篮球；然后在教师带领下两队一起做操或小步跑，听到哨声响后同时去抢球，抢到球者获胜，获胜次数多的队获胜。

游戏规则：

（1）队员只准用手抢球，否则判为负。

（2）注意安全，如有意冲撞对方则立即判其出局。

游戏建议：两队面对面站立做绕环，从正面抢球；两队背对背做腹背运动，从胯下抢球；两队面对面做深蹲，双手从胯下抢球；背对背原地小步跑，转体 180 度抢球。

四、21 分比赛

游戏目的：培养学生攻守转换意识提高快攻能力。

游戏准备：篮球场地 1 块，篮球 1 个。

游戏方法：全场 5 对 5 进行 21 分比赛，在比赛中通过快攻进球算 3 分或 4 分，其他方式进球按照篮球规则进行，先拿到 21 分的队获胜。

游戏规则：

（1）通过抢断球和发球发动的快攻进球算 3 分。

（2）通过抢到后场篮板球发动的快攻进球算 4 分。

游戏建议：教师要鼓励学生尽可能地通过传球进行快攻，或控制对手形成快攻。

五、齐心协力

游戏目的：提高学生的柔韧性和协调能力。

游戏准备：篮球场地 1 块。

游戏方法：把全队分成两人一组的若干组，队员按照以下姿势分别站在球场的同一端线后：两人肩并肩，相邻的手相互搂住同伴的后颈，两腿分开上身前倾，外侧手从相邻的两腿后面紧紧拉住，形成"两人三腿"。听到出发的信号后，各组以三条腿走路的方式向前行进，以到达场地另一侧端线的先后顺序排列名次。

游戏规则：

（1）两人在相邻的两腿后紧拉的手不得脱离，否则要在原地接好后方能继续前行。

（2）以两人的三条腿到达场地另一端端线后方为到达终点的标志。

游戏建议：

（1）此游戏可改为两人三条腿走路迎面接力比赛。

（2）游戏不应在硬质地面上进行，以防受伤。

（3）可采用布条捆绑相邻两条腿的方法将游戏改为三人四足跑或五人六足跑。

六、你抓我救

游戏目的：提高学生的跑动速度和灵敏性，以及反应和躲闪能力。

游戏准备：篮球场地1块。

游戏方法：制定球场的中圈为"禁区"，选出参加游戏的5人为追逐者，其余人作为被追逐者将在场内随意地跑动。追逐者把抓到的被追逐者送到"禁区"内，没有被抓到的被追逐者可设法避开守在"禁区"旁边的追逐者，去营救"禁区"内的队员。直到所有被追逐者全被抓完送进"禁区"或"禁区"内的被追逐者全部被营救为止。再换一批追逐者和被追逐者开始继续游戏。

游戏规则：

（1）在"禁区"外的人用手拍"禁区"内的人的手掌为营救成功。

（2）在"禁区"外的人在营救"禁区"内的队员时又被追逐者抓到，同样要进入"禁区"内等待同伴的营救。

（3）进入"禁区"内的人不得自行离开。

（4）追逐者只有抓住被追逐者才算抓到，仅拍到则无效。

游戏建议：此游戏可设计各种动作方式进行追逐如快跑、走或单脚跳等方式。

七、绕队快跑

游戏目的：提高学生的注意力。

游戏准备：篮球场地1块。

游戏方法：把学生分为人数相等的两队，成两列横队站好，两队间相隔约3米。游戏开始后，两队从排头队员起依次按如下规定快跑：从队列前跑过——绕过队尾经队列后——绕过排头返回自己原来的位置——紧靠其后的下一人起动，如此反复循环，直至全队每个人进行一次，以先轮完的队为胜。

游戏规则：

（1）必须按规定路线跑动，否则判其重跑一次。

（2）必须在前一人的双脚踏回原位置后，紧跟其后的下一人才能起动，否则判返回原处重新起动。

游戏建议：若参加的人数多，可多分几队同时进行，以完成的先后顺序计成绩。

八、抬"木头人"

游戏目的：增强学生的腹背力量和持续的张力。

游戏准备：篮球场地1块，体操垫子2块。

游戏方法：在球场的中线外并排放置两张体操用的垫子，两垫子相隔约6~8米。把学生分为人数相等的两队，分别成纵队站立于球场中线的另一侧，正对各自的垫子，两队排头首先跑至垫子上仰卧挺直，被称为"木头人"。游戏开始后，两队在起点上的第一人迅速起动跑至垫子上用两手托头把仰卧在垫子上的同伴抬成直立，并迅速以同样方法在垫上仰卧；被托起的人则快速回到本队击中下一人的手掌后，排回本队队尾；被击掌的队员又快速跑到垫子上托起仰卧在垫子上的队员……如此反复进行，直到最先仰卧在垫子上的队员把本队最后一名队员抬起并一同返回本队为止，先完成游戏的队获胜。

游戏规则：

（1）"木头人"只有被抬起且直立后方能跑动，不得自己爬起来，否则为犯规。

（2）抬"木头人"者只有把队员抬起后方能躺下，否则为犯规。

（3）起点处的队员只有在被击掌后方能启动，否则为犯规。

（4）凡被判犯规者，必须重做一次。

游戏建议：可用两人抬"木头人"，抬起"木头人"后其中一人躺下当"木头人"另一人和原"木头人"跑回。

九、"手球"比赛

游戏目的：提高学生的对抗能力和全队配合意识。

游戏准备：篮球场地 1 块，篮球 1 个。

游戏方法：在篮球场上进行手球比赛，在两条端线的中部各画宽 3 米的球门，每队各 6 人，其中有一名为守门员，按照手球规则进行比赛，比赛共进行 8 分钟，得分多的队获胜。

游戏规则：

（1）可以按照手球规则进行比赛。

（2）不能用过分夸张的动作，造成伤害事故。

游戏建议：

（1）参加比赛的人数可以适当调整。

（2）学生要尽可能地通过配合完成进攻。

第七章 当代高校篮球体能
与心理的训练教学

第一节 篮球运动体能素质训练概述

一、体能定义

体能有多种英文表达，如 Physical fitness、Physical conditioning、Physical performance 等。而在我国，人们不常用"体适能"这个概念，在钱伯光博士的书《Keep Fit 手册》中对体适能的定义进行了清晰的阐述：体适能也就是身体的适能，分为健康和竞技两个方面的概念，即体力与综合运动能力的统称。体力包括身体素质与潜力，而综合运动能力是指在与比赛相似的情景状态下同时发展多种身体素质的能力。

二、体能训练的基本原则

所谓训练原则要遵循训练的客观规律，同时根据运动训练活动的基本定律，进行训练运动基本原则的制定和建立。在体能训练过程中应遵循的基本原则有：全面性与优先发展相结合原则，系统不间断性原则，科学安排运动负荷原则，结合专项原则以及区别对待原则。

（一）全面性与优先发展相结合原则

全面性与优先发展相结合是指在训练中要综合考虑运动员身体各方面的协调发展。在不同的时期，每个学生的发展重点也不尽相同，比如在青少年时期，要着力发展其运动天赋和身体素质，从而促进运动员的全面发展。全面性与优先发展相结合的原因在于人的运动是身体各部位组织和器官协调配合的过程，不同器官相互制约但又相互联系。体能的锻炼是各器官相互配合协调发展的结果，是相互依存的关系。同时，人的力量、速度、耐力、灵活性的训练也不是单一训练的过程，在训练其中一项时往往另外几项因素也随之得到锻炼。优先发展也是很重要的一步，比如在青少年时期，正处于发育阶段，身体的敏感性比较强，所以要重点关注对身体体能的训练和发展。

（二）系统不间断性原则

系统不间断性原则强调训练的不间断性，无论是在训练的哪个阶段都要抱着学无止境的态度，按照科学系统的训练方法进行持久的训练。系统不间断的训练原则在于运用科学发展的眼光，对人体每个阶段的训练作出合理的安排，学生在训练中要一直牢记持久和不连续的理念，作出合理的安排，从多方面进行系统的安排和学习，也要考虑不同阶段的训练目的和训练的教学安排。

（三）科学安排运动负荷原则

科学安排运动负荷原则指的是在体能训练过程中根据训练的目的与任务，科学地组合负荷的量、强度与休息时间等因素，以保证训练的针对性和有效性。科学安排运动负荷原则是根据机体对运动负荷适应的专门性、有效性和裂变性以及人体在运动时物质、能量的消耗与恢复等规律提出来的。人体器官组织对负荷应激所产生的适应具有明显的专门性特点。所以想要开发专门的训练，摆在首位的就是提高特定的生理机制，来满足受训者提高专门技能所需的要求，对于专门的训练要有专门的方法，对于器材和训练方法也要有专门的针对性训练。同时要科学地安排训练负荷，达到最佳的训练目的。

（四）结合专项原则

结合专项原则是指在一般发展的基础上，体能训练必须根据各运动项目的技术以及专项能力特点进行，鼓励运动员发挥优秀的训练特长，在比赛中取得优秀的成绩。体能训练是以培养运动员的身体素质发展，以及创造优异成绩为最终目标的，这一过程需要全面综合的训练，不能单纯把重心放在专项的训练之上。在训练中要根据运动员的实际情况出发，科学制订各专项训练的训练计划，突出训练的重点，结合实际情况，根据个体的差异性，根据不同的人制订不同的训练计划，理论联系实际，进行针对性的训练。

（五）区别对待原则

在实际的训练过程中，运动员的年龄和身体素质存在很大的差异性，因此应考虑这些因素单一地对运动员进行教学，要充分考虑运动员的年龄、性别、身体素质等相关的因素，因人的不同而制订不同的教学计划，全方位、多方面、宽领域地考虑球员的个体差异性。在训练的过程中，严格把控训练的水平、训练的负荷量以及球员对训练的量的适应程度，分阶段、分层次地对球员进行合理的训练安排。以实际的训练理论为基础，从实践出发，了解球员、掌握球员，进而达到预期的训练目标。

三、体能训练的意义

体能训练在训练中非常重要，也是成功完成现代运动训练的重要因素。无论是技能训练还是战术训练，都需要良好的体能训练。如果身体素质不合格，技能训练和战术训练就只是形式上的东西。体能训练的具体作用体现在以下几个方面。

（一）促进身体健康

健康是一个人正常生活的基础，健康对于运动员的运动训练和比赛来说尤为重要。良好的体能训练不仅可以提高运动员的负荷能力，还可以改善组织器官的功能，尤其是心血管系统和呼吸系统。此外，体能训练还可以改善运动员的运动器官，良好的体育锻炼可以增强人的骨骼、肌肉、肌腱和韧带的功能，对人的中枢神经系统也有很大帮助。此外，良好的体育锻炼有助于克服身体的生物惰性，促进新陈代谢。

（二）使身体素质得到充分发展

现代奥林匹克运动不仅是全民的伟大社会实践，也是运动员证明自己的重要机会。因此，为了取得优异的运动成绩，各国运动员都拼尽全力，刻苦训练。同时，运动员也在多次挑战体育锻炼的极限。取得优异成绩的前提是最大限度地提高自己的力量、速度、耐力、柔韧性、敏感性和协调能力。体能训练恰好是实现这一目标的主要途径。它不仅可以尽可能地发展运动员的力量水平，提高他们的速度和耐力，还可以最大限度地发挥特殊运动所需的特殊运动素质和柔韧性，使身体获得更好的敏感性和协调能力。还能使运动员的综合体能得到协调发展，为运动员创造优异成绩打下坚实的基础。

（三）保证有机体适应大负荷训练和比赛的需要

在当今社会，任何比赛中的竞争都是非常激烈的。要想在重大的国际比赛中脱颖而出，运动员在熟练掌握特殊技术和战术的同时，还需要具备强健的身体素质。因此，运动员有机体的长期生物转化，通常是在高负荷的运动训练后进行的。这就要求体育训练与科学训练相结合，应用现代科技成果，科学、系统地监测运动员的训练过程，并在此基础上，尽量保证运动员进行大负荷训练。但是，重负荷训练仍然需要体能训练为其打下坚实的基础，因为重负荷训练不仅要求运动员拥有健康的身体、良好的身心功能，还要求运动员承担训练和比赛的全部要求以适应不断增加的训练负荷。

（四）有利于快速掌握复杂、先进的技术和战术

体能训练的目的实质上是为了运动员身体的各器官系统功能能够保持协调发展，使运动员能够具备从事专项竞技运动能力。每种运动项目对身体的适应能力有不同的要求。比如，体操、武术、拳击和球类运动对身体的适应能力有很高的要求。不仅如此，有些运动中的技术动作本身就是运动素质的综合体现，比如，举重这项运动不仅要求运动员能够最大限度地发展力量水平和专项动作速度，还对身体的耐力、柔韧性和协调性有很高的要求。所以，运动员要想更好地掌握复杂先进的技术，必须充分发展身体的各项能力。

（五）有利于延长运动寿命

竞技能力是运动员在比赛中取得优异成绩的重要因素。它不是由任何一个单独因素决定的，而是由身体素质、心理和智力等许多重要因素共同决定的，其中体能是其他几个要素的基础。简而言之，没有体能，竞技能力也就无从谈起。在竞技体育的实践中证明，运动员要想取得优异的成

绩，需要建立在良好的体能发育水平上，而体能发育的水平主要取决于心理能力的强弱、身体形态专项改变的限度和生理机能水平的高度。机体功能的发育水平与体型的变化密切相关。体能锻炼改变体型越多，机体功能发育水平越高，下降速度越慢，维持时间越长。同样，特殊技战术的发挥和保持时间会相对较长，下降速度变得更慢，使运动员可以长期保持高水平的竞技能力。

第二节　篮球运动员的心理训练概述

一、篮球运动员心理训练内涵

实践表明，人的心理状态会对心理训练产生自觉的影响，良好的心理状态才能使心理训练效果更好。一般来说，运动员心理训练就是利用一些外在的方法，有意识地、有目的地影响运动员的心理过程和人格心理特征，使他们能够更好地控制自己的心理状态和运动行为。篮球心理训练也有意识地、有目的地通过外部手段对球员的心理和性格产生影响。心理训练是运动训练的一个重要方面，也是篮球训练的重要组成部分，主要包括意志品质的培养和特殊心理素质的培养，这两个方面相对独立又密切相关。

二、篮球运动心理训练作用

篮球运动是一项直接对抗的集体项目，具有社会性、生理性和制胜性的专门特征。篮球运动员只有具备较强的心理素质才能争取优异成绩，并且承担起高度社会责任。篮球心理训练不是一种盲目的训练，而是为适应现代篮球比赛的需要而开发的。运动员不仅消耗体力，还消耗心理能量。所有的运动都与竞争密切相关。如果球员在篮球比赛中没有很强的心理素质，无论他们的身体素质和训练技巧再好，都会影响比赛的发挥。实践表明，在一些高水平的比赛中，成功的关键往往是心理素质的高低，因此，在篮球运动中，心理训练是必不可少的，其主要作用主要有以下几方面。

在平常的篮球训练中，加入适当的心理训练，不仅可以帮助运动员提高运动能力，还可以在很大程度上帮助他们调整适当的心理状态。在比赛中，运动员的现场心理状态是取得优异成绩和提高运动水平的关键，这就要求运动员学会控制自己的心理状态。因此，适当的心理训练有助于培养运动员心理过程的稳定性，使他们能够及时克服训练和比赛中的各种心理障碍，如上场前的过度紧张、急于得分的急躁、领先后的放松和骄傲、落后时的沮丧等心理现象。心理训练可以大大提高运动员在比赛极度紧张时的自我调节和控制能力，帮助他们找到适合比赛的心理状态。

在篮球运动中，心理训练可以大大改善运动员的心理过程。人的心理过程主要包括：认知、情感、意志。运动员由于在训练和许多比赛中高度紧张，因此对心理过程的要求相对较高。在篮球训练和比赛中，不仅要求球员具有准确的动作感知、清晰的动作表达能力、高度发达的灵敏度和身体柔韧性，以及快速的动作反应能力，能够分析对手的动作意图以破解其战术，而且需要长时间聚焦或快速转移到特征对象。此外，运动员还需要有坚强的意志，不容易被比赛中遇到的困难所吓倒，可以勇敢面对一切未知的困难，而心理训练可以训练这些心理过程来改善运动员的心理状态。

此外，在篮球运动中加入心理训练，也有助于运动员个体心理特征的形成和发展。在运动训练的高度紧张状态下，运动员的积极性、对比赛和训练的兴趣、性格、气质等心理特征是决定其行为的重要因素。心理训练不仅可以促进运动训练所需的特殊能力的形成，而且还可以影响他们良好品格的形成和发展，极大地提高他们的兴趣素质和气质。

三、篮球心理训练任务

篮球运动员的心理训练，按训练内容与特殊需要的关系可分为一般心理训练和专项心理训练。专项心理训练不仅是高水平运动员现代化训练的一个重要方面，也是心理训练的重要组成部分。训练的目的是着眼于从事艰苦的篮球专项训练，培养运动员成功参加篮球比赛。这也是在高水平篮球比赛中，优秀运动员必备的人格心理特征和特定的心理过程。一般心理训练的主要任务有以下几方面。

（1）为适应篮球运动的需要，需要培养运动员的心理素质和能力，促进和提高他们的专业知觉、记忆、思维、想象力等心理能力。

（2）让球员在篮球训练中保持良好的心态，调整到最合适的心态，从而提升比赛能力。同时，可以让运动员更好地适应训练，尤其是在比赛中保持稳定的情绪和适当的状态。

（3）帮助运动员克服比赛中突发的各种心理障碍，保障他们的训练和比赛能够顺利进行，并能调节和消除其在训练和比赛中的紧张状态。

（4）加速篮球运动技能的形成和提高技术、战术的熟练程度。要求能在瞬间做出准确的时空判断和有较好的"时机感"。

第三节　篮球运动员的心理训练策略

一、篮球心理训练的内容与方法

虽然心理训练已经很普遍，但很多教练并不知道如何对运动员进行心理训练。教练员缺少对心理训练的内容和方法的认知。其实心理训练可以体现在训练的每一个环节，没有体能和技术的训练是达不到效果的，所以不能单独进行。心理训练也有自己的原则，如自我意识、关注个体差异、持之以恒。心理训练也可以看作一个教育的过程。根据每个对象的特点（性别、年龄、智力水平等）和不同的要求，给予运动员不同的、有针对性的心理训练。同时，培训不能盲目进行，还要有针对性，尤其要注意心理训练与技战术训练相结合，遵循综合重点结合的原则。事实上，心理训练的方法并没有明确的标准。只要教练员对训练的构成有正确的认识，遵循心理训练的原则，就可以使用多种方法，甚至是自己发明的新方法。下面简单介绍几种常用的心理训练方法。

（1）放松训练，即通过自我暗示放松全身肌肉，改变肌肉紧张状态，从而使运动员的心理状态保持稳定。这种方法可以取得显著的效果，被广泛用于运动员的心理训练。

（2）意象训练，可称为构思训练或想象力训练。是指运动员利用脑海中已经形成的运动意象，有意识地、主动地对这些意象进行回顾，从而达到巩固技术的效果，并且通过不断的重复和修正，提高这些技术动作的准确性。同时，可以开发和创造这些形象，帮助他们适应比赛、调整情绪和增强比赛中的斗志。

（3）呼吸训练，是一种通过呼吸对运动员进行心理训练的方法。在训练过程中，运动员可以从正常的呼吸模式开始，找到放松的节奏。然后逐渐加快呼吸频率，在吸气的时候想象自己获得新的能量，用呼出的气体来释放疲劳的一种训练方法。使用这种方法，运动员可以通过呼吸来调节自己的身体状态，想象身体在吸气时"吸收能量"，在呼气时"排出疲劳"。经过反复练习，让身体产生条件反射，这样运动员才能得到足够的氧气和能量。

（4）模拟训练，很容易培养人的适应能力，是一种适应性训练。在进行训练时，运动员可以产生与环境相对应的抗干扰能力，调整自己的心理状态，这样在正式比赛中就不会出现混乱。模拟训练主要包括：语言形象模拟和真实情景模拟。主要通过模拟创造比赛的外部因素，如观众的噪声、对手的特点等，这种方法可以人为地改变比赛情况、认知压力，增强运动员的适应能力。

（5）暗示训练，这种训练适用于时间不足的情况，需要运动员在比赛中发挥想象力让自己处于最佳状态。这时，教练可以用一些信号来鼓励运动员，使他们感到精力充沛，充满力量。这个信号是非常随意的，甚至可以是运动员的一句话，比如"加油""干得好""别惊慌"……也可以是教练在日常训练中鼓励运动员的一种特定手势。

（6）生物反馈训练，是一种高科技的心理训练手段，也需要一定的条件。生物反馈训练是指借助电子设备将运动员的主观感受联系起来的一种训练方法，该仪器可以显示运动员的身体活动信息，从而达到对运动员身体活动（尤其是内脏）的反射性控制的目的。这种训练模式的特点是便于对运动员身体活动的控制，使运动员以一定的精神状态、姿势或方法感受自己的生理变化，从而使生理活动适应篮球运动的需要。

（7）催眠术，就是直接对运动员的听觉、视觉和触觉进行一些特殊暗示，可以是口头的，也可以是动作的。通过这种方法，让运动员在心理和生理上维持在清醒和睡眠之间的状态。催眠可以在一定程度上提高运动员的信心，激发他们的精神力量，从而帮助运动员克服比赛中的紧张和恐惧。

二、篮球运动员比赛时的心理训练

篮球运动员在比赛中的心理特征主要体现在：随着比赛的进行和场上形势的变化，运动员的身体处于高度紧张状态，情绪不再稳定。篮球比赛是变化很多的一种运动，随着场上情况的变化，如比赛通过实际得分、对手、裁判、观众或媒体等外部因素，使运动员的心理状态发生相应的变化。一般来说，篮球比赛的取胜不是靠一个人，而是靠整体的力量。取胜的关键在于球队队员的训练水平和球队队员的情绪压力状态。只有运动员的状态好，现场技术水平才能发挥好，才能在比赛中取得优势。

科学研究表明，能取得优异成绩的运动员在赛前和赛时的心理状态表现为：集中注意力在即将到来的任务；完全控制，感觉轻松，毫不畏惧失败；自信心很强，较少产生自我怀疑。而失利的运动员心理状态多表现为：唤醒过高或过低；缺乏集中注意力；无关和消极想法较多；担心失败；不坚持正常的准备程序；消极的身体感受。因此，教练员和运动员都应该重视比赛时的心理训练。通常应以自我调节机制为基础，树立正确的比赛观，调节心理状态，形成良好的心理情绪，保证竞技水平的正常发挥，争取比赛的胜利。

（一）赛前心理训练

1. 赛前心理状态

实践证明，在比赛开始前，如果运动员在身、心、技术上都做好了充分的准备，那么这些准备工作不会有太大的变化。但唯一的变化就是情绪变化主导的心理状态。一般来说，可能改变运动员心理状态的主要原因是：对成功的渴望、对失败的恐惧和对比赛的重要性的重视。由此可以归纳为以下四种赛前心理状态。

（1）最佳竞技状态，是指运动员在赛前勇于尝试、充满斗志、高度专注、保持适度的兴奋，从而达到积极比赛的最理想心理状态。为了达到这种状态，运动员需要对自己有清醒的认识，此外，还必须有很强的心理素质和斗志，同时必须保持适当的兴奋状态，具有自控和抗干扰的能力。

（2）赛前抑郁状态，是指运动员在比赛开始前对比赛的态度非常消极，没有取胜的欲望，没有活力、意志力薄弱、注意力不集中，甚至对自己持怀疑态度。运动员慢慢出现呆滞、眼睛松弛、食欲不振和失眠等现象，这是一种"冷漠的竞争心理"。出现这种状态的大部分原因是运动员在之前的比赛中失败了，或者对自己的表现不满意，没有达到最好的状态。他们往往对自己的要求很高，所以容易产生自卑感。教练员要分情况进行思想教育和针对性的心理调节。

（3）赛前焦虑状态，是指运动员在赛前处于高度紧张状态的一系列生理反应障碍，例如，心率过快无法平静，呼吸不顺畅，食难下咽，睡眠质量差，容易出汗，手脚冰凉，尿频等；在心理上，他们一直处于恐惧和恐慌的状态，例如，注意力无法集中，特别容易烦躁和生气，难以坐下或躺下，甚至手和脚时不时发抖，动作僵硬等。

（4）虚假自信状态，主要是指运动员在赛前缺乏自信，产生一种片面的认知和恐惧心理的现象。主要体现在不自信，但不承认，嘴硬心虚。在这种情况下，教练员要进行有针对性的心理训练，逐步引导和教育，树立自信心，端正比赛态度。

2. 赛前心理调整训练

篮球运动员的心理训练是培养、发展和完善篮球运动员在从事专项运动时所必须具备的各种心理素质和心理品质的一种教育过程。比赛中最佳心理状态的获得和保持是运动员赢得胜利的重要条件。而最佳心理状态是指运动员获得优异成绩的最适宜的心理状态，是最佳竞技状态在心理上的表现。在这种状态下，运动员的技术动作、心理和行为都处于非常完备协调的状态。要达到比赛中的最佳心理状态，就必须抓好赛前的心理训练工作。赛前心理训练的任务是为比赛做好心理准备，克服心理的不适应性，提高比赛的自我调节能力，为比赛打好心理基础。赛前心理训练的好坏决定着运动员技战术水平的发挥，直接影响比赛的成绩。因此，赛前心理调整训练是日常心理训练在特定条件下的延续，又是与比赛心理训练之间有机衔接的重要一环。

（二）赛中心理训练

1. 赛中的心理状态

篮球比赛是竞争双方多方面的较量，而运动员心理方面对比赛的影响举足轻重。在实际比赛的过程中，运动员需要消耗大量的体力。同时，他们的心理变化也是比较频繁和剧烈的。如果能在比赛前进行专业的心理训练，那么就能够让运动员在实际比赛过程中维持良好的状态，并且可以根据现实情况的变化采取相应的调节手段。比赛中的运动员心理状态可以按照好坏程度分为三类。

第一，在比赛过程中保持理想的心理状态。运动员保持心理机制协调的最佳竞技状态的关键因素就是保持良好心态，运动员在比赛过程中，能够超常发挥并取得较好的成绩，是运动员良好感觉的心理体现。当进入理想状态后，一方面，运动员可以在比赛场上充分地展示自己的实力，甚至可以达到平时训练所不能达到的水平；另一方面，良好的心理状态可以帮助运动员聚精会神，将注意力完全投入比赛的竞争拼搏之中。

第二，在比赛过程中产生害怕的心理。我们常常会看到在比赛还没有开始的时候，某些运动员会因为觉得彼此实力悬殊，已经从气场上输给了对方，不敢跟自己的竞争对手正面交锋。不利的外部环境也可能加剧运动员内心的恐惧与不安。这些内部和外部不良因素结合起来会对运动员在比赛场上产生很大的消极影响，从而对比赛结果不利。

第三，不良的赛中心理状态，这种心态是一个消极的、不利于全队协同作战的障碍。其主要表现为比赛中过度紧张，构成这种心态的重要因素包括：对竞赛胜负要求太高、特定情境下失去信心、不适应外界环境的干扰、本身训练不足或训练过度、过去比赛的阴影和运动员本身的神经类型影响等。

2. 赛中的心理战术

在正式比赛的时候，整个过程会发生很多突发情况，导致运动员产生剧烈的心理变化。例如：双方实力不相上下，整体比赛氛围相当紧张时，运动员可能会对自己抱有更大的期望，加重了自身的心理负担；或者是因为竞争对手频繁更换战术，导致对竞争对手的状态始终捉摸不透，因而节节败退。在这些复杂的情况下，教练员应对运动员进行实时跟踪，在需要的时候及时对运动员做好心埋修复与调整，整个过程其实有着相当大的工作量。但是，假如在前期心理训练的准备过程中，教练员与运动员之间有着高度的默契和配合，那么在紧急情况下，教练员可以更为方便、快捷地对运动员进行相应的心理调节。目前常用的心理战术主要有知己知彼，避实击虚；出其不意，攻其不备；蓄积力量，先发制人。另外，在比赛休息时间段内进行心理恢复训练，对整体比赛发挥水平的提升有重要作用。正如上文提到，真正的比赛会消耗运动员大量的生理上和心理上的能量。尤其是在双方实力差距不大的时候，要想获胜则更需要拼尽全力。所以，教练员应该抓住整场比赛过程中留给运动员的宝贵休息时间，进行体能恢复和心理指导。需要充分运用在平时训练中的各种技巧与手段用以帮助运动员的恢复，增大比赛胜利的可能性。

（三）赛后心理训练

1. 赛后心理调整的意义

在比赛结束后，对运动员进行心理恢复的指导也必不可少。由于大量的体能消耗，运动员在比赛结束后会身心俱疲。如果赛后没有得到较好的心理恢复，那么下一次比赛很可能会受到直接的影响，运动员的发挥也会受到限制。从运动员个人发展的角度上来讲，如果运动员一直沉浸在强烈的心理波动状态下，很可能会在未来产生心理疾病。一次比赛的结束，实际上是下次比赛的赛前准备的开始。因此，教练员需要在比赛结束后仔细观察运动员的具体行为表现和心理状态反应，对于过激的情绪应该及时地加以制止和调节。

2. 赛后心理调整的方法

第一，需要重点消除比赛过程中产生的紧张情绪。这种紧张情绪可以具体表现为在比赛胜利时受到别人的赞美而过分自大自傲，不听他人劝诫；也可以表现为当比赛失败后，心情过分低落，将失败的原因不分缘由地归结于他人或者容易大发脾气。这些紧张情绪往往过于夸大，能够被轻易地识别出来，但运动员自身会难以自拔。这个时候就需要专业且正确的引导。总而言之，对于赛后运动员过分激烈的情绪不能放任不管，需要教练员耐心地帮助他们进行心理恢复。

第二，要注重运动员的全面恢复。比赛会导致运动员长期处在高压力、高体能消耗的状态中，且随着身体能量的不断消耗，运用技巧的能力与水平都会逐步降低。运动员可能因此在各个方面都有相应的损失和损耗，所以需要教练员对运动员进行全方位的恢复。每个运动员的实际情况可能存在着差异，采取主要恢复手段的同时，还需要结合每个运动员各自的实际特点。

第三，要重点帮助运动员在比赛结束后做好个人形象的调整。在比赛过程中，运动员可能会因为内部和外部的因素影响，导致情绪不稳定，从而作出不恰当的行为，如在面对观众和粉丝时容易夸大自己的个人形象，无法对自己形成正确的认知。因此，需要对运动员进行相应的指导训练，帮助其正确认识自己的个人形象。在充分认识自我之后，可以适当地进行未来理想形象的规划。

随着社会的发展，人们对于篮球的认识和了解逐渐增多，篮球竞赛也变得越来越激烈，在比赛过程中运动员的情绪变化也越来越大。因此，赛前、赛中及赛后心理训练对于运动员有着无法替代的作用。心理训练能够影响比赛的结果，同时，也在一定程度地反映着运动员的训练水平和教练员的智慧。

第八章　高校篮球的课程思政教学研究

　　课程思政是指以构建全员、全程、全课程育人格局的形式将各类课程与思想政治理论课同向同行，形成协同效应，把"立德树人"作为教育根本任务的一种综合教育理念。近些年来，随着课程思政理念的不断深入，高校公共体育课需要以加强大学生身体素质、夯实知识技能、形成终身体育理念为核心，大力培育大学生崇高的道德品质、社会责任感、爱国精神。篮球课作为大学时期备受欢迎的体育项目之一，是高校公共体育课程中的重要内容，更是立德树人落实的必要途径。高校教育者需要深层次挖掘篮球课程中本身具有的思想政治教育元素且将体育特有的育人价值发挥，根据大学生发展规律制定出极具思政教育元素的教学目标和方案①；高校需要在篮球的课程思政教学中，对课程的开展方式进行深入改革，在内容和模式上融合思政课程的内容，从而通过体育课程推进高校思政教育，将大学生培育成为体质、智力和思想政治素养全面发展的人才。

第一节　高校篮球课程思政教学的研究方向与目标

一、我国高校思想政治教育的相关研究

　　2020 年 5 月，教育部下发《高等学校课堂思政建设指导纲要》，明确全面推进高校课程思政建设是落实立德树人根本任务的战略举措。高校大

---

① 朱光耀，袁飞，卓家武，马彩霞. 对高等院校"可持续发展"课程教学大纲建设的思考[J]. 宿州学院学报，2007（3）：135－138.

学生的思想政治教育不仅是思政课的主要任务，其他专业课程教学同样应该担负起对大学生进行思想政治教育，落实立德树人的根本任务。作为思想政治教育工作者，思政教师在对学生进行思想政治教育过程中起着主导作用，因而在思政课堂中需要充分发挥教师的主动性和创造性。① 结合教育部门对高校思想政治建设的要求，高校需要在各门课程中融合思政课程的理论和内容，创新思政教学的方法，开展有创造性的思政课程。

课程思政教学的育人理念绝不是外在强加的约束，而是出于让学生自觉和能动的内在要求。这就要求教师除了要具备扎实的专业知识以及优秀的教学能力，更要有坚定的政治立场以及良好的道德修养，具体来讲，要有信仰，心中有国、有家，课程思政教育要与时俱进，要有时代责任、历史使命、远大抱负和脚踏实地，要自律、要以身作则，要以高尚的人格魅力感染、鼓舞和感召学生，要努力成为信仰坚定、学识渊博、学生喜爱的优秀老师。这需要教师队伍能够具备高尚的道德情操和优秀的思想政治素养，通过示范带动作用促进学生思政素养的形成。

高校学生正处于充满活力、朝气蓬勃、思维活跃、开放自信的年龄阶段。高校教师应深入把握当代青年大学生思想和成长特点，不断推进思政课程和课程思政的深度融合。思政课教师与专业课教师应多沟通交流，互相学习借鉴，深入挖掘不同课程中思政元素的融入方式方法。与此同时，思政课教学需要联系实践。高校体育课程教学的特点，使之对于大学生思想政治教育具有诸多的优势条件，大学生在运动技能学习过程中无形中会受到体育思想品德等教育，因而把思想政治教育融入高校体育课程教学中有非常重要的作用和意义。在过去的教学模式下，教师在体育教学中过于注重对知识的传播和体育技能的培养，对学生思想、心理和道德上的培养则严重不足，导致学生只学会了体育活动的方法而缺乏体育精神。为了改变这一局面，就需要教师能够创新体育教学模式，加强体育课程的思政教学融入。

换言之，在体育教学中引入"课程思政"的第一步就是将体育课程中的思政元素挖掘出来并加以利用，这就要求教师在教育工作中合理解读体育精神。体育教学方方面面体现思政教育常态化，体育文化作为一项重要元素，体育精神包含的内容比较广泛，如不轻言放弃、遵守规则、热爱祖

---

① 赵睿华. 新媒体时代高校思政课教师如何有效传播正能量 [J]. 教育教学论坛，2020 (43)：52 – 53.

国、团结协作、积极进取、公平公正、奋勇拼搏等。①

在课程思政背景下，体育教师在给学生分析体育知识、传授体育技能时，要有针对性、有目标、有方向地培养他们的体育精神，充分发掘体育课程中的思政元素，树立科学的教育目标，促进体育教学与课程思政的有机结合。体育教师应该在自己所教授的专业课教学中，深入挖掘和探索思政元素并适时融入教学过程中，使各类专业课程与思政课齐头并进，形成协同效应。常益、张姝针对大学体育课程的思政教育转向研究中，对于创新思政课堂，实施体育课程的教学改革、建立体育课程科学有效的思想政治教育评价指标体系和评价标准等方面进行了深入分析。同时这些研究还包括如何使教师能够在体育教学中发挥德育教育的作用，创新教育教学及评价考核方法，并如何激发学生的自我教育等内容。比如，在平时的课堂考核和最后的考试中不仅要考察学生的体育技能和理论知识，还可通过比赛等方式观察学生的体育精神和体育品质等品德修养状况。② 要借助学生参与体育赛事和体育锻炼的情况，考察学生的精神素养，从而对思政课程的效果做出判断。

教学内容作为教学体系的重要构成，对课堂教学效果有一定的影响。课程思政背景下，重构体育课堂除了要考虑教学方法的创新，还要关注教学内容，从学生实际出发，根据他们的价值取向、成长规律、心理特征和学习需求等挖掘体育中的思政元素，将体育教学内容与思想政治教育内容有机结合起来，提升思政教育的有效性。对于体育专业课程来说，目前体育教育教学过程中还存在诸多问题，比如教学内容重运动技能练习而轻体育人文理论知识讲授，重技能掌握或竞赛成绩提升而轻人文素质和体育精神内化。同时，体育专业的部分任课教师的人文素养以及思政意识也有待提高、课堂思政教育方式方法单一，育人效果不佳等缺陷，通过体育课程思政教学的创新结合，能有效促进体育专业育人实效。

课程思政是目前我国高校教育教学理念的深入变革、思想政治教育自身具有复杂性的本质特点。何红娟在思政课程和课程思政研究中，对二者发展的内在逻辑和建构方面提出了个人观点：两者在课程系统性与协同性、理性价值和工具价值、科学教育与人文教育方面存在着一定的耦合和

① 雷丽. 大学体育课程与思想政治教育的融合探究 [J]. 福建茶叶，2020，42（3）：222 - 223.
② 王飞雄、李英超. 课程改革对体育教学模式影响的研究 [J]. 湖北体育科技，2018，37（8）：728 - 730.

统一性，应从思政教育理念、教育共同体形成、大思政模式建构以及课程资源开发等方面着手实施。课堂教学是课程思政的主要形式和方向，在教学内容的选择上，目前的体育专业课程教学除了向学生传授直观的体育运动，教授知识技能外，还要把对体育专业思想、职业胜任力、爱国主义教育、社会责任感、传统文化延伸、职业道德和团队协作意识等教育融入教学之中，进而提高学生学习效果，培养学生全方面素质。课程思政建设对于高校教育教学具有重要意义，特别是把培育和践行社会主义核心价值观以及品德修养等内容融入各专业课程教书育人的全过程之中，使得更多学科资源转化为育人资源，进而实现知识和思政目标的有机统一。对于高校课程思政推进工作方面，吴月齐分别从三个着力点进行研究，旨在从思政课程到课程思政建设方面，构建一个全员、全过程、全方位育人的大思政工作格局。专业课程思政应在专业课程教育教学全过程中发挥立德树人功能，将价值观的培育和塑造以"基因式"的方式融入于专业课程教学过程中。

教师需要在篮球课程的思政教育活动中发挥创造性，体现学生的主体性，让学生能够主动地参与其中，要实现篮板课程与课程思政的融合发展，实现全课程育人的目标。同时各高校应抓住课程思政的本质与内涵，建立健全课程思政育人运行机制及体系，制订切实可行的有效实施策略，探索大学生思想政治教育创新发展之路，着力加强教师队伍建设，提升教师思政教学能力，强化和突出育人功能。高校的根本任务在于立德树人，作为高校教师应该立足于这一根本任务，充分认识各类课程所蕴涵的育人功能，从课程的性质、特点、目标、任务等出发，实事求是、循序渐进、不断探索，深入挖掘各门课程所蕴涵的思政元素，形成育人整体协同效应。

在课程思政建设和实施过程中，高校思想政治教育工作者还应该进一步更新教育理念，提高思想政治教育的前瞻性和实效性，充分利用网络资源优势，发挥网络思想政治教育的作用；冯晓晖研究认为，随着素质教育的深入发展，在新媒体时代，深刻改变了高校传统的课程教学模式，在思政课程和课程思政教学改革中，应抓住新媒体的发展机遇，积极探索创新发展路径。刘燕平对于高校思政教育工作实施路径研究中提出，依托"互联网＋课程思政"创新模式，应紧抓"互联网＋"教育发展的新趋势，加强高校思政教育创新，拓展思政教育新思维，为高校思政教育充分融入新时代教育发展环境创造有利条件。"互联网＋课程思政"模式课有效提升思政课堂的教学效果和水平，为学生提供更多思政元素课程教育资源。胡惠在高校大学生认知特点及课堂思政教学模式创新分析中提出，在现代互联网时代大环境下更应当充分重视大学生的思政教育，结合学生的认知特点对学生进行思政教育模式的研究与创新，促进大学思政教育教学效果的提升。

综上所述，高校应高度重视思政课程与课程思政之间的有机结合，加强课程思政建设力度，同时应发挥专业教师的积极性和主动性，充分挖掘每一门专业课程的思政元素，通过不同方式提升课堂思想政治教育的教学效果和水平，提高教师的教学能力，并充分运用多种教学资源，推动以思政教育为目标的整体课程体系建设。

二、高校篮球课程教学及课程思政的相关研究

现阶段，篮球课程作为高校体育教育教学课程中的重要课程之一，受到了大部分学生的喜爱。通过该课程的学习，学生除了能够学到篮球运动知识和技能，能够最大限度地得到身体素质锻炼，还可以增强学生对体育运动的热情与信心，培养终身锻炼的意识和习惯，同时可以调节情绪，培养多种体育思想品质和精神，包括坚强、吃苦耐劳、团队合作等，使学生将来能以更加乐观积极的心态面对生活和工作中的困难与挫折。

高校体育专业篮球课程教学应在培养方案、教学大纲以及教案等方面的教学设计中全方位贯穿育人功能，并落实到教学实践中去。体育专业篮球课程除了要学习掌握篮球运动的知识与技能目标外，还需要通过篮球专业课程的学习后，达到情感态度和价值观等思想政治教育目标。因而，应充分挖掘篮球专业课程的思政内涵，坚持实事求是、创新思维、突出重点、理论联系实际等原则，精心设计教学过程的各个环节，着重体现在教学内容及教学方法和手段的设计和运用上。在教材《篮球运动》概述中，着重介绍篮球运动起源与发展、发展趋势、篮球运动文化等知识。对于学生思想品德的培养方面，教材中明确教师在教学过程中寓组织纪律观念、自觉性、公平公正、规则意识、团队合作等方面思想品德教育于篮球技能学习之中，在游戏与比赛法等教学过程中适时进行思想政治教育，寓思想品德教育于篮球集体活动之中。[①] 通过教材重点篮球知识的学习，让学生

---

① 牛群. 篮球基本功训练对于运动员未来发展的重要性［J］. 灌篮，2019（12）：63.

形成正确的人生观和道德观，通过思政课堂教学，让学生从内心体会到思政课堂带来的隐形教育品质及人格素养提高魅力。

在篮球教学活动中融入思政元素，符合时代要求，对大学生深入领会和践行社会主义核心价值观，符合我国高校教育教学改革的需要。高瞻和刘晓华教授在研究中提出了高校篮球课程教育存在的不足。其中理论缺乏创新性和系统性，推动体育院校课程思政建设并非是通过在课程教学中喊几句与思想政治教育有关的口号，采用"基因转化"的方式真正地融入体育院校专业课程教学情境中去。这就要求体育院校创新课程思政的实践路径、优化和重构课程思政建设的结构生成，因为原有的教学思路大多还是借鉴国外的理论，以及对传统教学方法理论研究，而在实践检验方面有所欠缺。① 全东峰在普通高校篮球教学改革的设想与思路研究中提出了应依据大学生所处的身心发展阶段，把教学的着重点放在提高学生的能力和思想变化上，以真正凸显篮球运动的育人功能，真正让学生在篮球运动过程中体会到体育精神、品德、品格等的塑造，因而培养学生正确的世界观、人生观、价值观以及体育品德修养作为篮球课程思政教学的目标。② 张象在体育教育专业篮球专修课程思政教学设计中提出，篮球专修课程教学中的育人功能以及价值观引领应从培养方案、教学大纲、教案、教学过程等每个环节进行精心设计。教学过程中应着重在教学内容、方法和手段等方面深入设计并灵活运用。内容设计方面应充分探索在理论知识以及在技能学习中思政元素融入的挖掘和融入的不同之处，进而加大篮球专业课教学思想政治教育的力度，能够更好地进行人格方面的锤炼。③ 上述学者都从不同的角度深入探索了篮球课程或其他体育课程如何融入思政教育的理论和方法，对各高校的教学实践具有很强的指导意义。

篮球运动课程是体育课程的重要内容之一，通过篮球课程的学习，能够锻炼学生的身体素质、培育健全人格，促进身心健康发展、增强运动技能，进而促进大学生身心全面发展，是培养综合型人才的重要方式。通过参加篮球运动学习和锻炼，可以使那些有心理障碍、情绪悲观的大学生克服心理障碍，养成积极乐观的人生态度，面对困难时从容应对。其次，通过篮球运动锻炼提高大学生团队合作能力，培养团队精神等，促进大学生

① 何朝玉，翟常卿. 高校篮球课中"比赛教学法"对篮球基本功的练习研究［J］. 文体用品与科技，2019（6）：76-77.
② 时国兴. 新时期高校篮球教学改革思路［J］. 智库时代，2019（29）：94，97.
③ 朱学飞. 提高中专体育课程教学的途径［J］. 田径，2018（2）：9-10.

更好地适应社会。由此可见，篮球课程教学在帮助大学生实现身心健康、更好地适应社会方面与课程思政的目标具有一致性，因而在高校篮球课程中融入思政元素符合当今社会对体育课程目标的要求。

三、高校篮球课程思政教学的重要举措

深入挖掘课程思政元素，将课程思政融入课堂教学全过程，努力形成具有示范引领价值的典型案例和经验成果，全面提升高校人才培养质量，落实立德树人根本任务。高校篮球的课程思政要以构建全员、全程、全课程育人格局的形式将各类课程与思想政治理论课同向同行，形成协同效应，通过高校篮球课程与思政相结合，皆在构建高校篮球课程思政育人改革路径，为高校提供协同育人的新举措。

（一）高校篮球课程思政教学的育人目标

1. 身心兼修、立德树人

篮球课程是一门以"育人报国"为理念，以理论讲授、教学案例、实践操作、运动体验、训练指导等方式，讲授基本篮球训练知识、理论、原则、方法的体育学科基础性课程。通过篮球课程学习使学生树立高度的社会责任感、深厚的教育情怀和坚定的学科自信。

2. 学会学习、学会思考

通过篮球课程学习使学生能够较系统地掌握篮球训练学基本知识、基本学问；了解篮球训练的常用方法和手段、运动训练的基本原则和规律，培养学生分析问题和解决问题的能力。促进学生修身养性，建立健全的人格，促进学生的终身发展。

3. 融会贯通、学以致用

篮球课程学习有助于学生全面提升综合素质，进而构建卓越人民体育教师的核心素养。通过篮球课程学习使学生能够具备分析解决运动训练领域各种案例、现实问题的能力，培养学生在运动训练过程中理论与实践的结合能力。

（二）高校篮球课程思政教学的基本原则

1. 坚持立德树人原则

在立德树人视阈下，对高校篮球课程思政建设成效进行评价和检验，

强化立德树人对课程思政建设的导向作用，突出体育培养学生健康体魄、健全人格、人文情怀等方面的价值。篮球课程思政元素融入方案必须遵循立德树人的本质特征，围绕培养学生良好的思想品德修养进行设计。

2. 以学生发展为中心原则

体育教学中，教师往往在设定德育教育目标时与实际相脱节，或是超出了学生已有的认知水平，或是没有以发展学生为中心，使得思想政治教育的实效性不强。因而在篮球课思政元素融入方案设计时要明确思政教育的目标和内容，充分发挥学生的主体地位。

3. 尊重学生个体差异原则

篮球课程思政元素融入方案的设计应充分考虑学生个人身心特点的差异性因素，在思想政治教育的目标、内容、方式方法等方面也应注重学生的个体发展，因人而异，区别对待，引导个别思想消极学生也能够在思想情绪等方面朝着正确、积极、友善的方向发展，提高思想政治素养。

4. 潜移默化原则

篮球课程思政元素融入方案的设计应充分考虑体育教育专业大学生年龄、性格以及体育学科的特点，所设计的教学内容和思政元素以及生活实际进行有效结合。使"显性教育"与"隐性教育"相统一，突出思政元素在体育专业课程中的政治引领与价值引导作用，从而达到润物无声的育人效果，实现全员全程全方位育人进而使教学目标水到渠成地得以实现。

5. 系统性原则

专业课程思政元素融入方案应该是一个系统的体系，在篮球课程教学中的渗透并非一朝一夕所能完成，学生良好道德品质也不是一两次课就能形成，需要长时间积累和运用，在长期的学习实践和生活中，不断打磨而形成系统化的完善体系。因而在篮球课程思政元素融入方案设计应遵循系统性原则，根据课程专业教学内容合理设计学期或单元的系统性方案，进而产生一定的效果。

（三）高校篮球课程思政教学的主要措施

以高校课程大纲为依据，在讲授课程内容时融入育人教育。让篮球知识融入背景、让训练方法融入体验、让训练原则融入创造、让训练理论融入创新，讲好运动训练中"文明其精神、野蛮其体魄"的故事。

1. 让学生敬畏知识

充分挖掘篮球训练知识产生的背景、知识背后的力量、知识转化的成绩、知识改变的世界，在教授知识的同时让学生敬畏知识、尊重知识、尊重课堂、尊重科学、尊重教师。在学习基础知识的同时教育其勤奋创新、为人师表。例如在理论学习课中深入融入习近平总书记关于体育、全民健身的有关论述，不断提高高校学生篮球理论和体育政策水平。教师在设计篮球课程的内容时，应该从体育知识与思政知识的联系入手，让学生能够更生动地接受知识，敬畏并利用这些知识。

2. 让案例敲击心灵

教学中呈现更生动、更专业、更贴切的案例，让学生在案例的篮球教学中不仅能够掌握专业知识，更能够掌握分析问题和解决问题的能力。例如在讲解"篮球战术能力"一章中引入篮球国家队主教练郭士强勇于拼搏、冷静判断、成功逆袭的案例。既让同学们学习到战术运用在竞赛中的重要性，又让同学们深刻地认识到什么是拼搏精神、什么是坚韧意志。用真实的案例、真实的故事、真实的人物，起到从心灵深入教育的功能。① 通过典型的体育案例和体育人物，让学生以联系实际的方式来体验体育课中蕴涵的思政内容。

3. 让运动健全人格

篮球运动的核心目标是享受乐趣、增强体质、健全人格、磨炼意志，高校篮球课程的教学核心之一就是如何引领更多的青少年、教育更多的青少年。

4. 让训练磨炼意志

身体锻炼和运动训练是体育本质的重要组成部分。篮球是一门从实践到理论、再从理论回到实践的课程，脱离训练实践本身的运动训练学是空中楼阁。要通过理论课程的各种方式让同学们感受到训练的魅力、训练的体验、训练的艰苦以及训练的功能，明白训练可以磨炼意志品质，使人更坚强、更坚韧、更坚毅。

5. 让冠军成为榜样

在篮球课程中讲好"文明其精神、野蛮其体魄"的故事，以同学们身边的冠军为素材，讲冠军的故事、讲专业的知识、讲拼搏的故事、讲夺冠

---

① 尹亚晶，李鹏，朱妹. 浅谈高校业余篮球运动中的战术能力的培养 [J]. 科技信息（学术版），2006（4）：328－329.

的案例、讲榜样的故事、讲训练的规划。进一步用好冠军进课堂的教学方式，从大学生的认知能力和思想成长需求入手讲好冠军故事，使教学更具有针对性，教学效果深入人心。

6. 让学生感到满意

高校篮球课程思政旨在建设学生满意的篮球课程。其育人目标是让学生理解"文明其精神、野蛮其体魄"的含义；课程目标是为实现篮球课程示范、育人的教学目的；成果目标是将篮球课程建设成校级、省级乃至国家级精品课程的长远目标。

总之，高校篮球课程思政育人的目标在于身心兼修、立德树人，学会学习、学会思考，融会贯通、学以致用；思政育人的方略在于让冠军走进课堂、筹备篮球赛事和服务国家战略；改革的策略在于让学生敬畏知识、让案例敲击心灵、让运动健全人格、让训练磨炼意志、让冠军成为榜样、让学生感到满意。

第二节　高校篮球课程思政面临的问题与优化路径

一、高校公共体育篮球课程思政面临的主要问题

（一）教育先进性不足

课程教学需要紧随时代步伐将先进理念融入传统教学中，体现出教育教学的先进性。但就现阶段部分高校公共体育篮球课程教学而言，并未凸显教育先进性且教育理念滞后、授课模式单一，教育者普遍认为篮球课程教学只是单纯的讲述技巧、提高学生的身体素质。但是随着生活质量的不断提高人们对体育教育也有了更为严格的要求，参与体育锻炼也由追求身体健康转换为缓解身心压力、培养优良的生活状态。实际上体育运动不仅可以增强体质，还对舒缓压力、塑造品格等方面具有巨大意义。但目前不少高校忽视了体育对于精神、意志力方面的作用，而只注重对传统体育知识和技能的传播，也使教师在创新课程过程中畏手畏脚，没有发展教师的创造力。

（二） 教学形式化严重

课程思政的开展要求高校以思政教育为导向优化体育教育体系，创新与改革施教模式和教学形式。① 从公共体育篮球课程思政开展情况来看，由于围绕篮球课思政元素挖掘不够深入，再加上高校体育教学形式化问题严重，尤其是基于思想政治教育的篮球课程开展更是略显刻意，并且教育者对当代大学生实际情况的观察模糊，难以科学衡量公共体育篮球课程思政的开展质量，形式化、片面化问题普遍存在，致使高校公共体育篮球课程思政教学效果较差，无法更好地对当代大学生产生积极影响。

（三） 课程思政内容缺少针对性

高校公共体育篮球课程思政内容就是将思政课程与篮球课程有机结合，是对体育与思想政治课程的改革与创新，也是为当代大学生强健体魄、形成正确"三观"的强力保障。在实际开展过程中公共体育篮球课程思政内容依旧以篮球知识与技能为主进行，没有把思政内容融入其中，内容本身缺乏指向性与针对性。而且开展过程也只是依靠体育教育者的感觉，并未将夯实的理论内容引入课堂中，使得大学生无法从中获得高质量的学习体验。高校在体育课程中开展的课程思政，在内容上依然浮于表面，只会向学生传播一些通用的道理，而没有结合体育活动的特点来有针对性地创造思政内容。

（四） 师资力量匮乏

充足的师资力量是开展高质量课程思政的重要基石。现阶段，高校公共体育篮球课如何发挥课程思政的价值，强化师资力量十分重要。② 这需要体育教师不仅具有扎实的体育教学理论、熟练的体育技术能力，还需要体育教师在体育精神、思想道德上能够成为学生的典范。纵观当下高校的实际情况来看，缺少专业能力过硬的教师团队且思政教育相关的师资力量没有得到及时补充，难以对大学生思政品德、价值观念上进行科学引导，致使部分学生价值观念出现偏颇。由此可见，师资力量匮乏俨然已经成为眼前亟待解决的重要问题。

---

① 张锡娟. 体育德育资源与高校"思政课"教育的实效性探析 [J]. 当代体育科技，2020，10 （26）：150－152.
② 余军成，张存建. 提高批判性思维教育质量的课程要求及其理论根基 [J]. 贵州工程应用技术学院学报，2018，36 （2）：61－67.

二、高校篮球课程思政面临的重难点问题和挑战

（一）高校篮球课程思政面临的重难点问题

第一，重点问题：高校公共体育篮球课程思政的开展首先以系统、科学的思维且结合人才培养计划为基础做好顶层设计，在全过程实施，为更好地发挥课程思政的育人作用夯实基础。开展重点集中体现在以下两点：一是贯彻落实立德树人理念。课程思政开展需要以立德树人为基石，解决高校思想政治教育出现的问题，依托课程思政模式创新教育教学思路，进一步实现育人目标，通过思想政治引领人才培养方案。二是完善课程思政教学方案。课程思政的出现及推广为传统授课模式带来了翻天覆地的改变，同样也是对思想政治教育体系的优化。为了创建公共体育篮球课程思政框架需要全面完善教学流程，做好对施教形式、教学内容及教学评价的健全工作，助力于课程思政可以更好地在体育环境中开展。

第二，难点问题：自课程思政理念的提出，各院校愈发重视思政教育工作，并积极响应国家号召将思政教育融入至各个学科中。但是当前时代课程思政正处于发展阶段且实践时间较短，挖掘契合点、学习知识点、操练融入点等难点所在。一是挖掘契合点——将思想政治教育与体育篮球课进行融合须挖掘其中的思政元素，为课程思政的开展做好铺垫。二是学习知识点——即思想政治教育与篮球课有机结合所需要传递的知识点，相比较而言课程思政更倾向于突出知识点的兼容性。三是操练融入点——即把现有理论知识与实际密切联系，杜绝出现生搬硬套，依托创新形式彰显课程思政的育人功能。

（二）新媒体时代体育院校思政课面临的挑战

1. 时代特点与挑战

新媒体是以互联网等无线通信为传播手段，利用计算机技术向用户提供大量其所需要的信息，包括生活性和娱乐性等各种信息。在信息等载体方面，常见的就是人们日常所使用的手机、电脑、数字电视等一系列的终端设备。因为数字化特征明显，新媒体也可以被称为数字化媒体，其特点是信息量大、覆盖面广、传播速度快以及交互性强，凸显多元碰撞、开放快捷、交织互动的特点。随着新媒体时代的到来，海量信息汹涌而来，纷

繁复杂相互激荡，人们的思想观念、行为判断、应对方法面临严峻考验和挑战。

2. 课程特点与挑战

思政课的性质和特点决定了其教学不同于一般的智力教育，它不仅传授理论知识，还肩负着培养中国特色社会主义合格建设者和可靠接班人的历史责任，在大学教育体系中是不可替代的。

在新媒体时代，多元化的思想和信仰，不同的意识形态和价值观念汇聚碰撞，信息繁多、鱼龙混杂、良莠不齐，这些都对大学生的意识形态、价值观念、学习生活等造成不可低估的直接影响。高校思政课作为社会正能量的重要传播平台，传统的教育模式也正面临着严峻挑战。

3. 教学特点与挑战

体育院校是一种只招收与体育学相关专业的学生的院校，招进去的学生却是多样化的。但体育类学生具有一个普遍的特点，即文化成绩并不是很突出，且认为书本理论知识的学习非常枯燥。[①] 但与此同时，他们又有着一些特殊性：从好的方面来讲，他们因为身体素质较强，往往表现出活力四射、思维灵敏、创新意识强的青春气息；而从另一个角度看，他们在进行某些事情方面往往没有经过深层次的考虑，而表现出冲动、鲁莽、过于感性等的负面特征。因此，他们具有与其他院校大学生不同的思想和行为特点，即凸显体育人文精神、性格的独特性、政治文化学习的滞后性。综合起来说，体育类学生具有强烈的竞争意识，通常想要极力地表现自我，在面对挫折时抗压能力较强；但是他们对于文化知识的学习不积极，相关理论知识的基础较为薄弱。他们身上所具备的特性时刻提醒着体育院校要充分发挥思政课对大学生进行思想政治教育主阵地、主渠道的作用，并取得实效。不能简单套用其他高校的方法，必须加强针对性研究，切实把思政课课程的要求与教材内容、时代特征、社会实际、体育院校大学生的特点紧密结合，有所创新、扬长避短，才能收到良好的教育效果。

4. 学生特点与挑战

体育院校招收的大学生生源是多样的，但我们可以总体上将其划分为三种类型：第一种是通过高考成功考取的学生。他们的文化课学习已有相应的基础，理论知识功底较为扎实，但体育特长不明显。二是来自单招，

---

① 李高萍．浅析高职院校学生体育兴趣的培养［J］．体育世界（学术版），2019（1）：131，135.

专业成绩较高、文化成绩较低的运动训练、民族传统体育和表演专业学生。这类学生文化功底较差，但专项成绩突出，很多学生从小就从事运动专项和舞蹈的训练，有些是从运动队退役的运动员。三是来自统招，通过高考和体育加试，文化成绩和专业成绩比较平均的体育教育专业和社会体育专业学生。这类学生可能从初中或者高中开始接受专业的体育训练，就学生本身情况而言，学习成绩可能并不如意，因此，希望通过体育特长为高考加分考取心仪院校。但从根本上来说，他们的体育专业素质不强，常常被称为"术科生"。这意味着他们对于体育相关专业的学习有着强烈的兴趣爱好，愿意积极主动地去探索，但是对于理论知识的学习却往往不够重视。理性思维欠缺，学习习惯不良，学习兴趣不高。目前，体育院校思政课的教学改革趋势是：学生多层次，教学必须因材施教；教学多形式，讲授必须深入浅出，使之通俗易懂。

许多教师由于思想意识落后，难以适应当前新媒体技术的发展，也无法了解当下青年学生的需求和思想动态。由于教师对新媒体技术的应用能力差，他们的教学方法也是相对单一传统的思政课教学方式的"一言堂"、灌输式，已跟不上时代发展的需要。思政课想要改变现有的考核方式，如实行人机互动式的考核，需要相应的网络硬件等的支撑，而这在有些高校还无法实现。新媒体时代，体育院校思政课教师的教学能力、传统的教学方法和考核方式正面临巨大挑战。

（三）新媒体时代高校篮球思政课改革的探索

1. 创新理念：以人为本，变堵为疏，引领共享

中共中央宣传部、教育部的文件提出"两个充分发挥"：要充分发挥教师的决定性位置，大力宣传马克思主义理论的重要导向作用；充分发挥学生学习的主体作用，使学生积极主动参与。我们要将学生放在教学的重要位置，落实以人为本的新型教育理念，在课堂教学中教师注重引导。遵循教育教学规律，从学生学习特点出发，正确处理教师主导与学生主体的关系，教师的主导作用对位不越位、不错位。[①] 从而充分满足学生个性发展的重要，体现以人为本的教育观，发挥教师在学生中的引领与疏导作用。

---

① 成黎明，黄艳. 改革开放以来高校思想政治教育的跨越式发展——以党中央印发的 4 个重要文件为视角 [J]. 思想教育研究，2018（10）：133 – 138.

体育学院大学生接受新事物快，能熟练掌握运用新媒体传输工具。但在课堂教学中，学生打电话、发微信、玩游戏的现象比较普遍。在考核考试中，有学生利用新媒体工具进行网络查询答案的情况。[①] 这些现象严重影响了教学质量、教学效果及考试的严肃性对于这种情况，过去常采用劝告、不许携带手机或关机等管理方式。但百密一疏，漏洞不少，并且还引起学生反感，屡屡出现违规现象。堵不如疏应变堵为疏，引导学生正确使用新媒体工具，辅助教学活动，师生共享新媒体的信息。

2. 创设环境：构筑平台，拓宽路径，互动共赢

建立思政课网络平台，充分利用新媒体，服务教学，媒体育人。将课程计划、课件、教学材料，包括文献、图片视频等上传网络平台，学生在线学习，教师在线答疑，实现教学相长。首都体育学院思政课网络系统已于2015年建成，正在不断完善，努力实现学校全网络覆盖，无处不在、无时不在，方便快捷。还应鼓励教师开通思想政治教育个人博客，开微博、建立QQ群、建微信群，为课堂内外提供全天候网络服务。师生充分利用新媒体探讨时政、交流思想、感悟人生。

3. 提升能力：提升教师媒介素养，提高教学能力，创新教学方法

在新媒体时代，利用手机上网是大学生进行交流的重要方式，已成为他们的时尚追求和生活方式。但是，目前网络技能尚未被大多数教师掌握和使用，降低了思政课的影响力和实效性。因此，必须加强教师队伍建设，培养教师娴熟的传播技巧，提升教师的媒介素养，增强教师对信息的选择力、理解力、质疑力、评价力、创造力、思辨力，使教师掌握新媒体的主导权，帮助学生辨真伪，明是非，因势利导。

提高教师教育教学能力，充分利用网络平台、新媒体手段，在思政课教学中，采用参与式、体验式、互动式等教学模式，改革单向面授的教学模式，以双向互动形式完成知识传授，引领大学生理性思考，充分发挥课程的引领功能。

4. 注重实效：注重学生实践能力培养，注重课程实效落实

社会科技的进步给新媒体发展创造了坚实的技术基础。在新的历史环境下，创新型人才需要注重自身的实践能力。《国家中长期教育改革和发展规划纲要（2010～2020年）》提出：要对传统的知识结构进行优化调

① 向永进. 运用新媒体开展高职大学生思想政治教育工作的研究［J］. 农家参谋，2018（12）：162.

整，要让学生尽可能多地参与社会实践，并且能够让他们在实践中锻炼自身能力。学生为顺应现代社会的发展应逐步增强自己的综合素质，尽可能多地掌握各种技能，学会在快速变化的社会中生存下去，其中对于人际关系的建设也是非常重要的部分。教学不应该只停留在理论，而应该促进理论与实践的紧密结合。为此在学习过程中开设更多的实践课程，让学生参与实践活动，将社会的生产生活与专业知识联系起来，这有助于学生自觉地将理论指导实践而又在实践中运用理论运用起来。[①] 例如，在篮球教学实践中，教师可以组织学生参与社会中的篮球比赛活动，或是以篮球为主题让学生自主组织篮球比赛、篮球文化节等。

三、高校篮球课程思政的优化路径

（一）强化教师育人能力

学生是未来实现中华民族伟大复兴的生力军，教师就是打造这支团队的筑梦人，是学生与课堂之间的桥梁。教育者的一举一动、言谈举止对学生的道德素养、价值观念具有重大影响。对教育者的要求也随着课程思政的出现发生巨大改变，以"四有"教师为基准，全面提高教育者思政教育能力，劝诱教育者争做新兴思想文化的弘扬者，努力成为学生成长道路的明灯。

教育学生的前提需要教育者先受教育；其一，篮球教育者应及时关注社会热门话题与学科前沿内容，将最新鲜的内容和实际案例引进课堂教学中，更好地吸引学生眼球，唤醒学生的学习内驱力；其二，切实提高篮球教育者课程思政构建能力，通过创建课程思政交流平台与其他教育者进行经验交流、现场教学观摩；其三，加强篮球教育者培训工作，如岗前培训、师德师风培训等。另外，高校应不断鼓励支持思政教育者和篮球教育者进行合作教研，互学互助、共同进步，进而最大程度发挥课程思政育人功能。

（二）提高教师育人意识

教师肩负着教书育人的重要使命，需要以关心爱护学生为导向传道授

---

① 孙文洁，董东林，武强，焦建. 以《国家中长期教育改革和发展规划纲要》为纲指导高等教育改革 [J]. 中国科教创新导刊，2010（29）：11 – 12.

业，以自身道德行为与综合素养为力量诱导学生实现自身价值。各行各业的发展都应以思想政治教育为基石，首先教育者建立育人意识尤为重要。教育者需要时刻谨记教书育人使命，努力挖掘思政与篮球课的内在契合点，才能引导学生建立科学价值观念，进一步将德育教育自然而然地渗透至篮球教学的方方面面。

（三）改革与创新教学内容

对教学内容革新作为核心目标，大力创建科学化、系统化篮球课程思政体系。第一，篮球课程内容的选择需要紧跟时代潮流，具有先进性与前沿性。高校承担着培育优秀人才、发展科学知识的双重责任，篮球教育者需要转化固化思维、优化授课模式且摒弃陈腐的知识内容，将新兴理念与前沿学术成果融入至教学内容中，令大学生在篮球学科发展最前沿进行学习。第二，篮球课程内容以实用性为主。教育者筛选出意义深厚、连续性强的内容并寻找与思政元素的内在融合点，在充分掌握篮球教学内容实际价值基础上选择"一学到底"且还可以让学生充满学习欲望，并能够将所学应用到实际的教学内容进行研究与创新，不仅使学生爱上运动、爱上篮球，还能在学习中提高获得感。如将文明看球、体育保健常识等能够活用的知识融入教学内容中。通过教学内容的改革与创新让篮球知识与思想政治教育产生激烈撞击，产生强烈的共鸣，进而促使篮球教育者开展课程思政的教学能力最大化，篮球课程思政育人成效提高。

（四）改变传统授课方法

高校的篮球课程具有技术性强、实用性强的特点，要求学生具有良好的篮球技术、身体素质和意志品质，对学生的整体素养是一项考验。所以，篮球教育者引导对于学生而言十分重要，所选择的授课方法也与教学质量和教学效果息息相关。教育者需要遵循以学生为核心的基本准绳凸显自身的引导作用，凸显学生课堂中的主体位置，真正做到因材施教，注重调动学生的自觉能动性，以关爱学生、理解学生为前提努力革新传统授课方法，确保学生可以在篮球课程学习中坚定自身学习信念，形成优良的学习动机，进而使教学效果显著。当然，教育者还可以依托师生之间的良性互动和课堂反馈的形式，对学生的认知特点、身体素质、运动能力、主流意识进行基本了解，将教学方案与训练方法密切融合让学生的身体素质得以提高。

一是通过问题导学、案例列举、任务驱动等方法助力篮球课程的革新，让课堂教学"活"起来，在不会不觉中将思政教育渗透至篮球知识讲授中，让每一个学生都能积极融入课程思政中。二是教育者通过营造优良的教学氛围和选用多元化的教学器材引发学生主动积极性，以此使篮球课程育人质量提高，进一步实现学生在篮球活动中自我价值的诉求。

（五）优化教学评价方式

人才培育效果是课程思政评价的第一标准，高校理应构建完善且多元的课程思政考核评价体系，设计并制定出科学、合理、系统的课程思政评价标准。由于我国部分高校将篮球运动设置为选修课程，再加之篮球课程教学评价机制较为单一且陈旧，很难得到高校领导人员与大学生的重视。教学评价主要包含两部分：一为对学生学的评价。即不拘泥于学生篮球知识与技能的了解和掌握，而是更加重视在篮球学习中形成良好的体育意识和具备优良的意志品质。譬如，在以往的出勤率加技能成绩基础上融入思想品德加理论成绩加实战应用等多角度综合性评价；评价方式也由教育者为主转换为"教师评价、生生互评、学生自评"。二为对教师教的评价。理应对教育者授课内容、教学方式、学科专业知识掌握度评价，还需要对教育者职业素养、课程思政目标达成、教学质量等评价，引导教育者及时发现并解决教学中的问题，适时调整教学目标及教学方案，以获得优良的教学效果。

基于此，高校需要创建全面课程思政保障体系，增强学校顶层设计，优化工作机制，提高监管力度，充分彰显篮球教育者的育人作用，唤醒每一个篮球教育者参与课程思政建设的积极主动性，使篮球课程思政教育体系更加科学规范、更加完备、运行更加高效。

高校公共体育篮球教学工作应随着新时代的发展努力将课程思政融入其中，这已经是素质教育、工匠精神培育的内驱力。课程思政的深入正好有效补充篮球课程育人作用的短板，有助于解决当前时代篮球课面临的诸多困境，更好地推动篮球课教学"效率"和"质量"的双提升。基于课程思政为重要载体，以立德树人为有利抓手，努力把思政教育资源恰如其分地融入至公共体育篮球课全过程，积极探索高校公共体育篮球课程思政建设的良方良策，为篮球教育工作者落实铸魂育人职责，实现知识传授与思想引领的有机统一。

第三节　高校篮球课程思政元素的
融入与方案设计

高校篮球课程思政建设是发挥体育课程育人功能，落实"立德树人"任务的重要途径。篮球课深受大学生的喜爱，将思政元素融入篮球课程，在教会学生掌握篮球运动技能及增强身体素质的同时，发挥课程思政育人作用，促进学生的全面发展。

一、高校篮球教学文件融入课程思政元素

教学文件是教师制定教学大纲，进行教学设计，撰写教案，完成教学过程的基础。大学的公共体育篮球课程教学文件主要包括教材、教学大纲、教学计划、教案。以下从这四个方面对思政元素的融入进行分析，探讨教学文件中如何融入思政元素。

（一）篮球课教材融入思政元素

教材是教师进行教学文件设计的依据，高校篮球教材可分为体育与健康知识、篮球运动技能实践两部分，其中内容应包括大学体育的概述、体育锻炼与大学生身心健康发展、大学体育锻炼的原则与方法、体育运动竞赛组织与管理、《国家学生体质健康标准》、现代体育与健身方法等。教材中公共部分明确了大学体育的目标与任务、作用与价值，使学生对大学体育有深入的理解，明白进行体育锻炼的价值，树立"健康第一"的理念。

（二）篮球课教学大纲融入思政元素

教学大纲是根据学校自身专业教学特色而设定的纲领性文件，是教师进行教学设计和课程教学的依据。高校在教学大纲中应明确篮球课程为大学一年级和二年级学生必修的公共基础课程，明确落实立德树人根本任务的目标，要求在教学过程中，培养学生自信、奋斗、担当的体育精神，积

极引导学生增强"四个自信",培养担当民族复兴大任的时代新人。① 除此之外,教学大纲中还需要有基本的篮球知识、篮球技术与其他体育相关知识等。思政元素的融入主要体现在教学目标中,在教学内容及时数分配中体现不足。教学大纲融入思政元素,需要充分挖掘思政元素,并科学、合理地进行编排,才能更好地为思政育人做好准备。

(三) 篮球课教学计划融入思政元素

教师要想将教学大纲的内容转化为实际的教学活动,还需要进行教学计划的制定。教学计划是按照一定的课时和时间,将教学的内容配置到具体课程中的过程,是教师开展一学期课程教学的重要依据。目前,高校篮球课教学计划中的思政融入相对不足,教师要积极整合教学法和策略,对教学内容进行科学、合理的编排,完成蕴涵思政元素教学计划的制定,以便提高教学质量和育人效果。大部分教师对篮球课程思政建设有所关注,但具体工作开展的力度还不够,特别是在教学设计上还没有进行具体系统的研究和实施,基本上还是按照以往的教学模式进行,一些教师已经开始尝试课程思政的建设,但还处于初步阶段、完善阶段中,不过不同篮球教师对于篮球课教学中思政元素方面的融入都有自己的见解和经验,特别是一些老教师感触更多。比如在课堂教学中的思政教育方面,也就是教学目标中德行或情感目标的体现,平时在教学中也都通过不同的方式方法进行挖掘与渗透,只是没有形成系统性的文字体系。② 具体方式方法主要有:通过课程开始部分宣布课的要求时间段、讲解名言警句、体育名人励志故事、职业精神等;通过集合整队时快、静、齐的要求或准备活动时的队列队形练习等形式提高学生的组织纪律性;通过技能教学中的不同教学方法与手段的灵活运用,从中渗透规矩、责任、顽强拼搏、积极进取等思想品德教育,诸如游戏法、竞赛法等;通过练习间歇调整时间讲解做人做事道理;等等。

(四) 篮球课教案融入思政元素

教案是教师编写的教学方案,是教师教学的依据。思政元素在教案中

① 文宜进. 比赛教学法在高校篮球课程中的应用 [J]. 晋城职业技术学院学报,2017,10 (6):52 – 54.
② 阳菊花. 体育课堂教学中"体能"目标教学的设计 [J]. 体育教学,2019,39 (3):17 – 18.

主要体现在教学任务中，明确了课堂的育人任务，但在教学模式、教学方法、运动负荷以及课后小节中体现不足。篮球课教案的教学任务要根据不同授课内容，合理融入思政元素，要反映学生的认识过程，要符合实际且有针对性，做到因材施教，全面发挥篮球教学的育人作用。教师要摒弃照本宣科，合理利用讲解、示范、练习、纠错等传统教学方法，适当采用问题式、讨论式、角色转换、体验式教学等方法，引导学生进行自主学习。教师要做好学情分析，能根据教学内容、教学环境和学生基本情况，做到因材施教；同时加强对教学负荷的合理管控，让学生掌握技能和提高身体素质的同时，学会运动负荷的控制与管理，增加学生体育健康知识。

总之，篮球课课程思政是一项巨大而复杂的工程，教师在教学文件中融入课程思政元素还需全面落实。篮球课教学文件的课程思政建设，需要教师强化思政育人观念，深挖课堂教学中蕴涵的思政元素，将思政理念落实到教学的全过程中，教学文件的完善不会一蹴而就，需要教师充分利用好教育资源，结合自身的工作经验，是一个从量变到质变的过程。

二、高校篮球教学过程融入课程思政元素

（一）篮球理论课中融入课程思政元素

理论课教学主要是让学生懂得体育与健康知识、体育的功能以及体育锻炼的原则与方法等，以达到理论指导实践的目的。高校篮球体育理论课内容有：体育与健康知识；篮球运动的起源、特点及发展趋势；篮球运动欣赏；篮球竞赛规则和裁判法；篮球运动自我锻炼的方法与要求；篮球运动损伤预防与处理等。

目前，高校的篮球理论课内容相对丰富，其中蕴涵着爱国主义、集体主义、团结协作精神等思政元素。运用讲授法，讲述我国体育运动发展史，了解我国如何一步一步成为今天的体育大国，激发学生的爱国主义情怀。讲解体育与健康知识、体育锻炼的功能与价值以及体育锻炼的方法与原则，帮助学生树立"健康第一"的理念。运用案例教学，播放北京奥运会中国男篮录像资料，讲述中国男篮全队团结协作，顽强拼搏，最终艰难从小组出线，跻身八强，追平奥运会最好成绩，让学生感受到团队的力量，并学会团结协作。讲述运动员姚明在伤病困扰下强行复出参加比赛，给自己运动生涯的结束埋下隐患，让学生体会到坚韧不拔的意志品质和爱

岗敬业的职业道德精神。篮球理论课教学内容和方式中蕴涵的育人理念是丰富的，要精心设计教学内容，合理选择教学方法，充分发挥理论课的思政育人作用。

（二）篮球实践课中融入课程思政元素

实践课教学是体育课的重要组成部分，所占课时比例很大，是学生习得运动技能，掌握锻炼方法的重要途径。课堂常规中的师生问好和考勤环节，有助于引导学生知礼仪、懂礼貌，做一个守时、守约的人，形成良好的职业道德。通过篮球专项技术的教学，让学生体会篮球运动快、准、稳、韧、精等技术特点，懂得熟练掌握技术，需要精雕细琢，培养学生的敬业精神与体育精神。通过身体素质练习，让学生直面困难、勇于拼搏，体会到体育项目内在的拼搏与自我超越精神。通过篮球竞赛规则与裁判法的教学，培养学生的规则意识，使学生养成遵纪守法的好习惯。通过游戏、分组练习、教学比赛等多种教学形式，培养学生的竞争意识。通过战术配合教学，培养学生沟通能力与协作精神。通过比赛或游戏的奖惩，让学生体会到胜利的喜悦与失败的痛苦，提高学生心理承受能力。在实践课教学中，教师要采用情景法、游戏法、分层分类法、合作学习法等多种教学方法，促进篮球实践课课堂教学的思政理念融入，共同完成课堂教学。①学生通过在课程中的亲身体验与感受，才能逐渐领会思政课程的精髓。

（三）篮球课程考核融入思政元素

篮球课程考核是学期结束后，对学生理论知识和运动技能掌握情况的考查，合理的考评能够反映出学生的学习情况，有助于教师发现教学过程中出现的问题，改进教学策略与方法，提升教学质量。从考核内容来看，篮球课程教学评价为教师对学生学习效果的"总结性"评价，其中以运动技能考核为主，理论考核较少。对学生学习的"过程性"评价较少。在考核评定的过程中，教师占主导地位。在篮球课教学改革中，应该加强对学生思想道德素养的全方位评价，使教学评定更全面和准确，需要对考核内容、评定方式以及考核成绩所占比例有一定的调整。

---

① 薛嵩剑. 普通高校大学生篮球裁判员的培养初探 [J]. 赤峰学院学报（自然科学版），2018，34（6）：125－126.

三、高校在篮球教学中贯彻课程思政的改革对策

（一）做好政策引导、制度保障，完善体育教学场馆设施

针对高校在篮球教学过程中课程思政工作不足的问题，高校要做好政策引导、制度保障工作。全校需要明确指导思想、工作目标、基本原则、主要任务以及保障工作。要结合课程思政，探索示范课程项目建设，对思政课程给予经费支持。要不定期举行课程思政教学沙龙，邀请课程思政教学专家进行讲学，鼓励教师外出参加课程思政培训班，提升教师思政育人观念和思政教学水平。同时，还要不断加大体育场馆设施投入力度，为体育课程思政教学提供场地保障。

（二）挖掘思政元素，完善思政元素在篮球课教学文件中的融入

在篮球教材中新增"思政育人"模块，对"篮球运动的功能与价值"进行全面深入的介绍和解析。① 结合篮球运动特点和发展趋势，充分挖掘思政教育的价值引领元素，充实篮球课教学大纲的建设。合理调整教学内容及时数比例和理论课与实践课的教学比例，结合具体教学内容进行思政元素的融合。篮球课教师要提高对课程思政科研的积极性，要勇于创新，不断加强思政理论知识学习，提高对教学文件思政化的重视度。完善教案的课程思政理念融入，不仅在教学任务中体现课程思政理念，也要在教学组织模式、教学方法以及课后小结等方面融入思政理念。

（三）加强篮球课教学过程思政内容融入建设，覆盖教学全过程

课堂教学需要运用现代化的教学模式，让学生在学与练的过程中，发挥学生的主观能动性。合理安排理论课和实践课课时，发挥两种课堂的育人作用，以达到对学生思政价值全面、正确地引导。理论课和实践课要采用多种教学方法，以调动学生的积极性，让学生全身心地融入篮球课堂，以达到育人目标。在教学过程中，将思政理念贯穿整节课的准备部分、基本部分、结束部分的全部教学内容中，对教学内容的育人功能进行深入剖析，从课内到课外对学生进行思政教育，以达到三全的课堂育人体系。

---

① 马莹.合作学习在高中篮球模块教学中的应用研究［D］.湖南师范大学，2013.

（四）将思政元素融入课程考核与评定，完善篮球课教学考核与评定体系

篮球课程的考核内容和评定方式要融入思政理念，依据教学目标和教学原则，构建科学合理的考核和评定体系。遵循思政育人的要求，调整各考试成绩所占的比例，弱化学生在身体条件、运动能力等运动素质方面的先天差异，减少有的学生无论怎么努力，运动成绩仍不能"达标"，而有的学生即使不用练，也可以获得较好成绩的现象出现。在考核内容中，改变传统的"理论＋技术考试"，采用"理论＋技术＋过程＋平时成绩"等。在评定方式上采用教师评价、学生自评、学生互评等多角度的评价方式，完善教学考核与评定体系，激发每一位学生的积极性，实现全体学生的全面进步，发挥篮球课的全面育人作用。

篮球课程思政建设，顺应高校体育教学改革的必然趋势。在学校做好政策引导、制度保障、经费支持工作后，需要一线教师提高课程思政建设研究的积极性，明白课堂教学不仅仅是教授学生习得篮球知识与掌握篮球运动技能，还要帮助学生树立正确的人生观、世界观、价值观。因此，要求教师精心进行教学设计，将思政元素完美融入课堂教学全过程，发挥篮球课程的德育功能，实现立德树人的根本目标。① 目前，高校篮球教学的课程思政，已成为教学改革中的重要环节，需要学校和教师能够引起重视，以良好的对策探索课程思政的教学方法。

四、高校篮球教学思政元素融入方案设计

（一）思政元素融入方案设计的理论依据

近年来，全国高校课程思政教育改革已经逐渐兴起，顺应国家教育体制改革的必然趋势，教育体制改革需要满足当今社会经济与社会发展对人才培育的需求，符合习近平主席提出的立德树人要求，将"育人"作为教育的重心。② 高校以及高校的每位教师应将培育优质人才作为工作重心，通过高校课堂这一平台将思政元素真正渗透到专业学科教育中，使每个学

① 何永飞. 微格教学法在高师体育院校篮球普修课教学中的应用研究［D］. 山西师范大学，2017.
② 罗薇. "课程思政"：高校思政教育改革新视角［J］. 大庆社会科学，2018（6）：37－40.

科都能与思政教育同步推进。由于每个学科具有不同特点，所以在培养学科专业人才方面也有不同要求，但是围绕立德树人这一根本目标的要求是一致的。推进体育课程思政建设就是要在知识和技能的传授和能力培养之中融入思想政治教育，引导和帮助学生塑造正确的世界观、人生观和价值观。高校在篮球教学中，如何融入思政内容也成为教师需要重点研究的内容，需要教师结合篮球课程的特点，从学生成长的角度出发，合理利用多方的教育资源，有针对性地创造优秀的篮球课程思政内容。

课程思政从课程到教材、从课内到课外，是全方位和立体化的。思政元素既蕴涵在课程知识中也外化于教师的言行中。作为高校篮球专业课教师，应立足本专业的特点特色，完善现有的课程目标，真正实现体育的育体、育德、铸魂功能，把爱国情、强国志、报国行自觉融入思政教学中；应将整体规划的课程目标细化到每节专业课程的课堂教学分目标之中，用思政要义指引"树人"方向，将"立德"目标浸润课程始终。对课程思政的内容和方式进行设计，并通过不断探索和实践提高课程思政质量，凸显课程特色。在篮球课程上不仅要将篮球专业知识和技能传授给学生，同时更重要的是要引导学生树立正确的思想政治观念，对学生行为产生正面积极的影响，锻炼学生的优秀品质和坚强意志。课程思政的改革与探索是一个长期的过程，需要高校和教师不断积累教学经验，逐步构建课程思政的体系。

1. 思政元素融入方案设计的主要内容

高校篮球教学课程的目标大同小异，但不外乎都包含师德规范、知识与技能、专业素养三个方面相关培养的内容：

（1）坚持立德树人，结合篮球运动特点，通过课堂教学对学生进行思想政治教育、品德教育和专业教育。培养学生集体主义、规则意识、责任感、团结协作、遵守纪律、积极进取的精神品质和良好体育道德风尚；通过篮球课程教学，初步掌握篮球运动的方法。

（2）使学生掌握篮球基础知识、基本技术和基本技能，具备一定的篮球基本技战术实际运用能力。

（3）使学生掌握篮球基本理论、基本技战术，基本具备结合实际分析和解决教学中出现的基本问题以及组织课余篮球训练、竞赛及裁判工作的能力。

2. 篮球课程思政元素融入的理念和要求

专业课程思政元素融入应坚持理论与实际相结合、历史与现实相结合、灌输与渗透相结合、显性与隐性教育相结合、共性与个性相结合、正面教育与纪律约束相结合。第一，应坚持理论与实际相结合，不是抽象理论的阐释，而是结合社会发展实际融会贯通。第二，课程思政的教学设计应通过历史使命与时代责任等的比较，使思政教育元素既源于历史又基于现实，体现与时俱进。第三，灌输应注重启发，通过不同的方式方法使学生能够主动认知、认同并内化。第四，课程思政教学设计应坚持教师在教学过程中组织实施的内容和方法等显性教育。第五，课程思政教学设计应关注学生在学习过程中的独特体验，遵循共性与个性相结合的原则。第六，正面教育与纪律约束相结合，共同引导和促进学生成长进步。

（二）思政元素融入方案设计的思路

（1）设计课程思政教学的目标。

以往的篮球课程，一节课的教学目标主要由知识、技能和情感三个方面目标构成。其中情感目标主要就是指德行方面的目标。高校篮球课程思政教学中所设计的思政元素融入方案设计的目标比原来的情感目标所涵盖的内容更为宽泛。每次课的思政及品德目标设计需紧紧围绕本次课教学的主要内容、重难点、学生身心特点、教学方法运用等情况合理进行设计。[①]要通过制定明确的目标，为学生的学习与成长提供方向，发挥学生在篮球学习中的主动性。

（2）教学过程各环节思政元素融入设计思路。

专业课程思政融入元素主要包括世界观、人生观、价值观、理想信念、品德修养、专业素养等方面内容，通过优化课堂教学对使思想政治教育以润物细无声的方式在体育教育专业课程的全过程中渗透与融入，在实现课程思政建设的同时又不影响原课堂计划，同时也凸显与篮球课堂直接相关的责任、果敢、刻苦、担当、勇敢、乐观、竞争、合作等精神品质思政元素都可以渗透到篮球专业课程的思政教学过程之中。[②]

篮球必修课程的主要教学内容是篮球移动、运球、投篮等基本技术以及战术的学习。教学过程中依据教学步骤，在每一个教学环节的合理时机渗透、融入或挖掘德育素材，使课程思政内容专业知识和技能学习有内在

---

① 山东广播电视大学. 实施以"课程思政"为目标的课堂教学改革 实现思想政治教育与知识体系教育的有机统一 [J]. 山东广播电视大学学报，2019（3）：89.

② 何冰."课程思政"在培养大学生人生观过程中的现实价值与实践路径 [J]. 广西青年干部学院学报，2020，30（2）：59–61.

联系的元素形成有机结合，巧妙衔接，进而培养学生良好的做人、做事品质和修养，塑造健康、积极、向上、乐观的体育生。

①课程开始部分思政元素融入方式与方法：教师在课堂常规内容宣布及检查结束后，一般以教师说教的形式将国家大事、英雄模范人物事迹、名人名言、身边榜样等内容融入爱国主义教育以及如何做人做事之中。

②课程准备部分思政元素融入方式与方法：通过队列队形或团体操等练习培养学生的组织纪律性、精气神和责任意识；通过准备活动中的游戏设计，传递师生互动、生生互动的合作情感信息以及团队合作等思想品质。

③课程基本部分思政元素融入方式与方法：新授技战术内容中通过巧妙运用游戏和竞赛教学法等方法挖掘"不怕困难、自信果断、敢于拼搏、守规则、懂合作、敢于担当、正确看待胜负结果"等良好精神品质，进而融入体育品德教育等相关元素；运用启发式教学法培养学生主动思考的创新意识，提高分析问题解决问题的能力；通过运用小组或个人展示技能的方式，培养学生自尊自信和超越自我的体育精神；运用小组互相评价的方法，教育学生要多注意他组或他人在技能学习或比赛中表现好的方面，欣赏别人优点、客观合理评价别人，培养学生德育智育。

④课程结束部分思政元素融入方式与方法：通过收器材行动进行"责任意识"教育；通过总结归纳重难点以及教师评述的方式，评价学生课堂参与状态，提醒学生们课上学习中存在的优点和不足，以促进下一次课再接再厉，更进一步；学生做出自我评价或相互评价、使学生回顾与反思自己的课堂参与行为，发现自我优缺点、体会收获，分享运动乐趣；通过互相帮助放松，培养学生乐于互帮互助的品质。

（三）篮球课程思政元素融入教学案例

1. 篮球理论课融入思政元素的设计

（1）在战术讲解过程中通过播放"篮球运动员姚明成长之路"视频，引导学生要有理想信念，要努力做到"见贤思齐焉，见不贤而内自省也"。严格要求自己、从自我做起。

（2）通过介绍优秀毕业生同学勤学苦练的事迹，提醒大家要端正学习态度，热爱专业，业求于精，业求于勤。

（3）在讲述中学篮球教学中谈及学院刘竞存老先生的优秀师德风范，激励大家在学习的道路上任重而道远。活到老，学到老。

（4）通过总结归纳重难点，评述学生课堂参与状态，提醒学生应虚心好学，取长补短。

2. 防守战术配合训练中融入思政元素的设计

（1）开始部分，通过讲解 NBA 一些最佳防守队员的特质，渗透思想教育：做事要有不服输的精神，敢于向困难挑战，不抛弃，不放弃。

（2）准备部分中通过防守脚步动作细节练习，融入思想教育：大家做事始终要保持一种认真严谨的工作态度，细节决定成败。

（3）基本部分中，在防守战术基础配合练习时，通过防守配合意识、时机、技术运用以及相互间喊话等默契程度，需要两人协同一致，相互信任，心有灵犀。

（4）结束部分，通过互相帮助放松培养学生互帮互助的良好品质。

3. 掩护配合训练中融入思政元素的设计

（1）开始部分，利用 2 分钟时间讲述 NBA 球队中最佳挡拆配合球员斯托克顿和卡尔·马龙的传奇搭档，启发同学们：配合的默契来自长期刻苦磨炼以及双方的信任和心有灵犀。

（2）在基本部分的掩护配合练习中，讲解掩护人要有一种无私的精神，想着去为别人创造机会，在给别人创造机会的同时，自己也容易获得机会，也就和我们平时做事情一样，赠人玫瑰，手留余香。

（3）在结束部分的总结中，引导大家做掩护时应该找准时机，主动为同伴掩护创造进攻机会。平时在工作中做事同样需要发挥个人主观能动性，同时应明确个人角色以及应承担的责任。

4. 篮板球快攻训练中融入思政元素的设计

（1）开始部分，通过讲解军事作战中"兵贵神速"的重要性，出其不意，攻其无备，就会取得胜利。导入本次课程主要内容快攻，讲解篮球比赛中战术运用与军事战略战术中的相通之处。同时渗透思想教育：平时做事应遵守时间观念，讲求效率。

（2）在基本部分快攻分解练习中，通过练习方法适时渗透思想品德教育：每个人根据抢篮板球时所处的位置来明确下一步自己的任务和职责，是一传、接应还是快下等。平时在班级活动中也一样，每个人可能有着不同的任务分工和职责，但不管哪个职责都需要有责任意识。

（3）在结束部分的总结中，启发学生总结快攻如果能够成功需具备哪些条件，其中除了技战术运用层面，还应有同伴间的团结协作，相互沟通以及个人开阔的视野。渗透思想教育：平时遇到问题时应有主动沟通交流的意识以及宽广的胸怀。

5. 区域联防训练中融入思政元素的设计

（1）开始部分中，通过对"专业素养"概念进行简要阐述，鼓励同学们热爱本专业，不断提升自我，只有具备了一定的专业素养才能够为将来从事教师职业奠定坚实基础，引入到进攻区域联防运动员应该具备较高的战术意识素养。

（2）基本部分在进攻区域联防练习中，通过不同练习方法，让学生体会到场上五个位置队员既要机动灵活，又不能个人主义，五个人应紧密联系在一起，通过球的快速转移和人的快速移动突破防守漏洞，因而强调团队集体智慧的重要性。

（3）教学比赛中，通过适时点评，鼓励学生在比赛中要发扬顽强拼搏的意志品质和坚强的斗志，激励大家在学习生活中同样要有不怕困难、斗志昂扬的精神品质。

6. 人盯人防守战术训练中融入思政元素的设计

（1）开始部分中，利用2分钟时间，通过疫情防控中90后和00后护士的感人行动讲解，勉励青年大学生应有担当精神。别让怠懒误了青春，应不负韶华，不忘初心。导入本次课程学习的主要内容。

（2）准备活动部分，通过技术动作练习，培养大家的认真学习态度，积极互动。

（3）基本部分中，在学习进攻战术配合中，强调进攻中的分工明确、责任到位、主动合作、有集体大局观念。工作中同样应该有此品德。

（4）基本部分的教学比赛中，表扬那些敢打敢拼、不怕累的学生所体现出的坚强意志品质，激励大家在学习生活中要不怕困难，砥砺前行。

第九章 当代高校篮球教学的考核评价策略

在篮球运动教学过程中，考核是进行信息反馈和调节的一个重要环节。但是值得注意的是，很多学校目前采用的大多以总结性评价为主、平时表现为辅的评价方式。这种方式很难对学生进行全面客观的评价，导致学生的学习积极性下降。基于上述原因，本书在论述高校篮球教学的考核评价基础上，对高校篮球教学评价改革的方向与方式进行了探讨。

第一节 高校篮球教学的体能考核评价

一、考核评价的目的

考核是教学体系中必不可少的一个关键性步骤，在学生的学习成果中起着检测和导向作用。众所周知，现行的学校篮球教学考试，是以技术达标考试和身体素质达标测试为主的考试。首先，考试内容因片面强调技术，反而无法全面反映学生的综合技术水平。其次，这是一种只注重考查结果的考试。然而，篮球学习成绩的体现是贯穿在整个学习过程中的，因为篮球运动的丰富性使其内容涵盖广泛，除了篮球技术方面的内容，还包括身体、心理、集体、社会适应等方面的内容，这些内容是简单的达标考试无法评价的。因此，必须融合在整个教学过程的评价中。学生学篮球技术的目的是为了学会打篮球，而学会打篮球的目的是通过具体运动建立"终身体育"观，最终是为了学生的全面发展。所以，篮球技术教学的视野，应放在体育教育目标的大背景之下考量，要与现代教育方向保持一致。篮球教学注重技术考核的片面和局限，不利于学生的篮球运动能力和锻炼习惯的培养。尤其对于篮球技术水平较差的同学更是如此，技术考核不达标，就等于否认了这方面的运动能力，学生从自尊心到运动意愿上就都会变得消极。这种结果的导向，会造成学生对篮球运动价值认识上的偏差。

篮球考核是与篮球教材密切联系的，教材内容是考试内容的直接依据，而篮球教材也直接影响着篮球考核的方式。因此，篮球教材的编制，要考虑到篮球教学评价的权重，对于篮球技术的考核部分，应从综合运用的角度考量，要平衡掌握技术的过程与运用技术的结果的评价。多方式、多元化的考试方法，也是学生乐于接受的考试。

二、考核评价原则

科学性与可行性是高校篮球教学工作者在篮球考核与评定中需要遵循的两项基本原则。可靠性、有效性和客观性是科学性的具体表现。可行性原则要求考核人员采取与篮球教学实际情况相符的方法来进行考核，确保现有条件可以使评定的目标顺利实现，同时确保所选择的考核方法在教学实践中能够得到运用。在遵循科学性与可行性的基础上来开展考核工作，需要考核人员对有关体育测量与评定的基本知识进行掌握，对篮球教学的基本规律能够熟悉，并在不断的探索实践中制定篮球的考核方法和评定标准。

为了科学准确地开展考核评定工作，必须对可用于评定指标的信息进行采集。指标是信息的载体，在对指标和方法进行确定时，应当坚持如下原则。

（一）可靠性原则

在具体的考核与评价过程中，篮球教学考核人员要遵循可靠性原则，对于同一次测验的学生，在相同的测试情景下，运用相同的测试技术，进行反复测试，然后检查结果的均一性。如果测试结果高度一致，表明该测试方法具有较高的可靠性；如果测试结果差别很大，表明该测试方法可靠性低，应考虑采用其他方法进行测试。

（二）有效性原则

有效性指的是测量方法与预计测量内容之间的一致性程度，所采用的测量方法应能够将拟测量事物的本质特征体现出来。因此，在对考核标准进行制定和选择时，必须确保考核标准的指标含义是明确的。测量方法达到测量目的的准确程度直接决定了测量有效性的高低，如果方法与目的高度一致，就说明策略的有效性高；如果二者一致程度较低，就说明有效性低。进行篮球技战术及其他技能考核时，可采用的方法有很多，在具体的选用中要特别注意方法的可行性，尽可能选用能够将教学大纲规定的技能考试内容准确反映出来的考核方法，在选定后通过反复实践来检验其有效性。

（三）客观性原则

篮球教师对学生的学习情况进行考核，需要做到客观真实，即评定或评分要具有真实性。多名考核人员对同一名学生在测量结果上的一致性程度反映了考核结果的真实性。如果多名主考人员对同一名学生给出的评分相近，表明他们对该学生的考试表现有比较一致的看法，这样的测量结果就具有较强的客观性；如果不同主考人员对同一名学生给出的评分相差较大，说明他们对该学生的考试表现存在着不同的看法，这样的测量结果也不具备较强的客观性，无法真实准确地评价学生的学习情况。在篮球考核过程中，应明确考核标准，对考核程序作出严格的规定，尽可能消除主考教师个人因素的干扰，避免考核的随意性与偶然性。

三、体能教学训练考评的内容

和其他种类的体能运动一样，高校篮球教育也要有一定的考核以及评价体系，而评价体系的构建，离不开相应的考评指标。具体而言，高校篮球体能教学一般由一级指标以及二级指标双重指标构成。其中，一级指标主要包括体态、机能、运动素质乃至技能类指标。

（一）体态类指标

所谓体态类指标，也就是对运动员或者学习者外形的考核指标。这一点不仅在考核的时候十分重要，而且对于篮球选材也有很重要的影响。

（二）机能类指标

所谓机能类指标，主要指的是运动机能类指标。机能类指标是运动的基础，也是保证运动员进行正常运动的基础，一般而言，机能类指标主要测量的是与心肺功能有关的指标，具体而言主要包括以下几类：

（1）肺部机能：主要包括肺活量、最大通气量等。

（2）心脏功能：主要包括最大心率等。

（3）身体恢复能力：主要包括肌肉恢复能力以及运动创伤愈合能力等。

（4）骨骼自我修复能力：即在运动过程当中，骨骼受到轻微损伤后的自我修复能力以及愈后恢复能力等。

（三）运动素质类指标

运动素质指标主要以田径类的运动指标为主，具体包括以下几类。

1. 力量素质

人体无论想做什么动作，都必须要使用肌肉的收缩力量，这种力量使人体的基础生活能力得以维持下去。肌肉力量也是人们掌握运动技巧与机能，以及使运动成绩显著提升的重要前提。

在物理上，力量可以理解为人体克服阻力做功的过程。由于所有的运动技能的掌握，都伴随着克服不同形式的阻力。因此，力量训练是一切其他训练的前提。

2. 速度素质训练

速度是篮球训练的关键因素，在篮球的训练中占据着重要的地位。因此，体能训练的一个重要任务就是提高运动员的速度素质，让速度和专项技术有机地结合在一起。

速度大体可以分为 3 个层面，具体为：快速通过一定距离的能力、运动时人体对各种信号刺激的快速反应能力与快速完成动作的能力。

3. 耐力素质训练

在长时间的训练中，人体克服疲劳的限度大小称为耐力值。耐力值大小充分反映了人体综合素质的高低，也是身体健康状况好坏的一个指标。无论进行哪一项运动项目，都需要具备相应的耐力水平，其中，表现最为突出的就是马拉松比赛。运动员克服疲劳的能力，能够将其所具有的耐力水平显著地反映出来。

4. 灵敏素质训练

灵敏性就是人体在面对突发状况，或者在特殊情况下，发现问题并作出相应处理动作的过程。灵敏性有着人跟人之间的个体差异性，也是人体身体素质好坏的重要体现。原因在于，无论专项中的哪一个动作，都在不同程度上体现出了耐力、速度、力量与柔韧等素质。灵敏素质的高低会由应答动作的熟练程度直接体现出来。虽然目前尚没有对灵敏素质进行客观衡量的标准，但是可根据以下3点要素来评定其发展水平。

第一，运动员是不是可以快速对动作进行判断，以及进行相应的反馈动作。同时，可以快速改变身体的形态，以应对即将发生的动作。

第二，运动员自身平衡性的把握以及自身动作的熟练程度，对接下来所发生的动作是否熟练，在各种环境下都能进行准确的反馈。

第三，运动员能否将自身的优势表达出来，比如耐力、力量等多方面的因素进行综合处理，并集中体现在一个动作之上，表现出极强的灵敏性。

如果一个人具有高度的灵敏素质，那么就能够对自己的运动器官进行随心所欲的控制，并且能够熟练、自如、准确地完成各种动作。

（四）技能类指标

篮球技能类指标及其主要内容如表9-1所示。

表9-1　　　　　　　　　高校篮球技能类指标及其主要内容

一级指标	二级指标	主要内容
篮球技能类指标	基础技能指标	1. 运球能力； 2. 对墙抛接球能力； 3. 防守能力； 4. 三分球投篮技术
	专项技能指标	1. 各个位置上的抛接球运动； 2. 连续投篮技术； 3. 负重运球上篮技术

四、体能考评的方法与标准

（一）身体形态考评

身体形态考评的主要内容以及相关指数如表9-2所示。

表 9 - 2　　　　　　　　　身体形态考评的主要内容以及相关指数

考评项目	定义	测量方法	说明
身高	人体高度	人垂直站立时地面到人头最高点的长度大小	由于受到重力的影响，每天不同时刻数据也有不同，一般选择在上午 10 时进行测量
体重	人体的质量大小	在一定程度上可以反映人体的发育程度以及发育水平	测量体重的时候，衣着应该尽量简单，并且测量之前要排空大小便
胸围	胸廓大小的维度	直接反映人体发育的宽度以及相关维度	测量的时候，应该平静站立，自然呼吸
呼吸差	深呼吸吸气与呼气时候的胸围维度差距	最大吸气维度减去最大呼气维度差额	测量的时候，尺子要紧贴皮肤

（二）速度素质考评

速度素质的考评及相应的方式如下。

1. 三角折返跑

三角折返跑是考量运动员的综合素质的一项主要指标。一般来说，就是让运动员按照标准路线进行跑动，在观察运动员的跑动姿势的同时进行计时。

2. 变距折返跑

所谓速度测试，就是运动员在跑动过程中，进行连续跑动。

（三）肌肉功能考评

1. 握力

握力主要指的是人前臂乃至手部肌肉力量。握力在测试的时候一般采用握力器，在实际操作的时候，根据握力器的不同，采用不同的测试方法。值得注意的是，在测试握力的时候，被测试者应该保证身体中轴与水平线垂直，两脚打开与肩同宽，同时两臂自然下垂。而且在测试的时候，应该多次测量，去掉最高值和最低值之后，以中间值的最佳成绩作为测量结果。

2. 立定跳远

立定跳远是考验学生人体的协调性和腰部力量的发挥，是训练中比较重要的一个项目。

场地及工具：沙坑、丈量尺。

测试方法如下：

（1）参与测试者站在测试线前方，两脚不能压线。

（2）两脚同时发力，向前向上起跳。

（3）根据起跳情况，丈量最近处落地点到测试线的距离。

和握力测试一样，立定跳远也要进行多次测量。

3. 1分钟立卧撑

立卧撑是测量被测试者综合肌肉耐力乃至身体灵活性的一种主要方式。具体来说，在测试的时候，被测试者应该身体保持与水平面垂直，之后双脚打开与肩同宽，随之屈膝下蹲，两手与肩同宽，两腿后蹬做俯卧撑最后还原成为直立姿势。一般来说，在测量的时候，应该以1分钟为单位，计总次数。

4. IRM测试

IRM测试简单说是被测试者一次性可以推举的重量，具体有以下几种测试方式。

（1）仰推：被测试者平躺在卧推凳上推举杠铃，测试者在一旁进行保护。但是不能对杠铃施力，以被测试者能推举的最大重量的杠铃作为被测试者的有效成绩。

（2）肩上举：受试者两臂分开，保持双臂与肩同宽，然后将杠铃抬到肩膀上，掌心向上，之后慢慢放下，以被测试者能推举的最大重量的杠铃作为有效成绩。

一般来说，在该项测试当中，应当注意以下几点：

第一，做好热身运动，防止运动伤害。

第二，量力而行，不能贪多。

第三，做好保护措施，最好有专业的保护器具保障。

（四）心肺耐力考评

1. 肺活量

人体最大的气体排除量被称为肺活量，它与人的身高、体质和体重表现为一个明显的线性指数的关系。

肺活量反映的是静态气量，与呼吸的深度有关。正常成年人肺活量，男性为4000~4500毫升，女性为2600~3200毫升。通常来说，体重和胸围大的人，肺活量也大。测量肺活量时，需要测试肺活量的人员要保持站立姿势，用手握住肺活量计，然后吹气，一直吹到不能呼气为止。体育运动对运动员的肺活量要求极大，良好的肺活量是优秀运动员的基础条件之一。

每人可测量 3 次，每次间隔时间为 15 秒，受试者按指示器或显示器读数，选最大值记录，精确到 10 位数，误差不得超过 200 毫升。

2. 12 分钟跑

12 分钟跑指的是被测试者在 12 分钟内的奔跑长度，但是在测试的时候，应当鼓励被测试者量力而行，避免造成运动伤害。

（五）柔韧性考评

柔韧性是保证篮球运动员在运动过程中不受或者少受伤害的一种必需的素质。从这个角度上说，柔韧性本身就是保证运动员顺利完成篮球动作的重要因素。一般说来，柔韧性考评有以下几种方式。

1. 坐位体前屈

被测试者以坐姿接受测试，脚跟并拢，脚尖分开大概一拳到一拳半，上臂伸展，向前伸直胳膊。

坐位体前屈测试的时候应该注意以下几项：

（1）测试之前充分进行热身。

（2）避免大幅度运动。

（3）腿部和手臂都保持伸直。

2. 立位体前屈

被测试者双脚打开，与肩同宽，向下下腰，两腿伸直用手臂碰触地面。立位体前屈测试时应该注意以下几项：

（1）测试前应该进行适当的热身。

（2）测试时上身与两臂要协调，避免拉伤。

（3）测试的时候应该保证两腿要伸直。

第二节　高校篮球教学的技战术考核评价

一、技战术教学训练考评的内容

（一）教学训练目标的考评

教学训练目标的考评一般来说包括以下两个层面的内容。

1. 对教学训练目标制定的合理性进行考评

对教学训练目标制定的合理化考评，指的是对教学目标的制定以及预测进行一系列的衡量和评价，并且结合相应的小范围测试，判断教学目标是否合理。

2. 对教学结果进行评价

对教学结果进行评价包含两层意思：一是对阶段性教学成果进行相应的评价，二是在学期末进行相应的评价。

（二）技战术掌握的考评

技战术掌握的考评主要包括技术掌握的考评以及战术掌握的考评两个方面，具体在操作过程中包括技战术测试和技战术评定两个方面。

1. 技战术测试

技战术测试的内容主要由技战术达标测试和技战术水平评定两个方面的内容构成。其中，技战术达标测试指的是运动员在经过一段时间的运动之后，能够达到最基本的要求。

2. 技战术评定

技战术评定指的是将篮球运动的技术和战术分成若干的等级，按照一定的评价方法和规则对学生进行测试。在测试的时候，应该注意投篮技术动作的规范性等各个方面的综合评定。

（三）理论知识掌握的考评

理论知识的掌握是科学进行篮球运动的基础，也是篮球运动考核的必备内容之一。一般来说，高校篮球专业理论知识的考核方式主要有笔试和口试两种。

1. 笔试

高校篮球理论考试的笔试通常有两种形式：闭卷和开卷。闭卷考试主要是对理论知识的考察，通过闭卷的形式对学生的知识掌握程度进行测试和了解，以制订下一步的教学目标。开卷考试主要是对学生对技术的掌握程度和熟练程度的考察，考验的是学生对知识的实践能力和运用知识解决问题的能力。

2. 口试

高校篮球理论考试的口试的应用范围较广，一般来讲更注重对篮球运动员综合能力的考察。

在制定口试考核内容的时候应该注意，在口试的时候，不能死记硬背，而是应该在一定范围内制定口试内容，并且要注意在制定口试内容的时候，应该深入挖掘学生对于篮球理论知识掌握的深度和广度。

(四) 其他内容的考评

高校篮球教学技战术考核的其他内容还包括运动意识、运动精神以及裁判能力等多方面因素的考评。值得注意的是，在篮球运动考评过程当中，还要注意学生在运动过程中整体的运动状态，尤其要注意学生运动水平是否进步等多种因素。无论是哪种考核，都要采取与学生的状态以及现实情况一致的状态进行考核。

二、技战术考评的方法与标准

(一) 理论考评

1. 笔试

高校篮球技战术训练笔试一般采用开卷以及闭卷两种考核形式。在开卷的考试过程中主要考查学生对知识整体框架的理解程度，以及寻找和处理加工信息的能力，是一种对学生是否深入理解篮球的一项综合性的考察；考核学生理解理论专业知识的深度和广度，以及分析问题的逻辑性、准确性和创新性。

高校篮球闭卷考试主要考评学生应掌握的专业理论知识及运用所学理论知识分析、应用、解决问题的能力，笔试试题应覆盖大纲规定的专业理论教材的基础内容。笔试题型可选取多种形式的命题方法，比如，选择、填空、概念、鉴别、论述、计算、绘图和自我立论等题型。

高校篮球技战术课程变革不断深化的同时必然伴随着高校篮球专业知识考核的内容和方法的完善。不同层次高校篮球技战术课程教学对象不同、学时分配不同、课程所处位置和考核的分值权重不同，必须根据课程不同的教学标准选择不同的方法。目前广泛采用的形式有以下 3 种。

（1）统考。

统考是各大高校目前评价教学效果最常用的手段，具有公平公正、客观性强、效率高的优点，是检验学生在校学习状况的最有效方法。

一方面，统考方式和各校任课教师自主命题的考试方法相比，具有客观公正的优点。统考使得各校各地的学生使用统一试卷标准，有利于得出公正的综合比较结果。

另一方面，要根据高校不同的课程评价目的决定是否采用统考形式，比如，对学校一些重要的各专业共同的必修课组织统考。值得注意的是，在开展统考的时候，应该充分考虑以下几个方面的内容。一是统考内容要谨慎选择，绝对不能过偏或者过难。二是统考要保证记忆性知识以及操作知识的比例合理，而且题量要适中。

（2）标准样题。

标准样题，是指某些高校在专家的指导以及教学大纲的要求之下，针对课程的基本教学要求，结合学生的实际发展以及实际要求所制定的一系列的考试样题。

在制定标准样题的时候应该注意以下几点：

第一，可参考性高。因为标准样题是供多个高校参考的，所以要具有高度的可参考性以及借鉴性。

第二，知识覆盖率高。设置标准样题的目的就是为了对学生进行全方位考核，因此，标准样题必须要有很高的知识覆盖率。

第三，有一定的可选择性。标准样题必须要分阶段制定，要有一定的可选择性，尤其是要具有一定的阶段性，适合不同阶段、不同水平的学生进行选择考试。

（3）标准化考试。

标准化考试是指相关教研人员在总结多年教育工作经验的基础上，在听取各个方面的意见的同时，结合相应的教学大纲的要求制定的一系列的考试。

标准化考试也具有以下几个特点。

第一，标准化考试的命题程序一定要完善和严谨。要遵循科学的出题原则，要综合地考虑教学的安排计划合理制定题目的顺序，检验和审定试卷和质量，要进行统一测试和分析，在区分度、难度、可信度和效度几个方面检查该试卷是否达到试卷质量标准。

第二，试题设计要科学、合理。标准化考试题型多样、知识覆盖面广、题目容量大、考核的范围广，提高了考试的可信度。

第三，阅卷评分准确可靠。标准化考试中的客观性试题一般采用电脑评卷，效率高、准确性大，增强了考试评分的准确性。

第四，考试的结果要有清晰的对比特征。因为该种类型考试相对来说比较稳定，题型比较固定，因此是具有可比性的。通过学生之间的对比，学生可以看出自我差距，了解自己的不足，从而弥补自己的不足之处。也可以通过对比了解学生的整体水平，进而对教学体系进行补充和完善。

2. 口试

一般来说，高校篮球运动的口试大多是为了检验运动员对于技战术的基本了解乃至对于篮球学习的运动精神以及相应运动悟性等方面的考察。

在实际操作过程当中，口试一般采用抽签的方式进行，同时给学生一定的准备时间。

（二）实践考评

一般来说，高校篮球技战术教学训练主要包括定性以及定量两个方面。

1. 定量指标

所谓定量指标，是指可以用具体数量来衡量的指标，主要包括投篮命中率以及跳跃高度等。一般来说，在篮球运动评价过程当中，常见的定量指标是速度、高度以及准确度3类指标。

在实际操作当中，上述3类指标可以单独使用，也可以结合使用。运球大多以速度指标进行考核；三步上篮大多以高度指标进行考核；投篮以及命中率大多以准确度指标进行考核，但是更多的时候是三者结合进行考核。

2. 定性指标

定性指标是指在篮球运动当中无法采用具体数值进行评价，只能用其是否正确进行判断的运动。

适用于定性指标的评价方式主要有以下两种：

第一种是技术是否符合相应的技术规范以及动作规范。

第二种是技术的熟练程度是否达到相应的标准。

3. 篮球技战术教学训练评例

（1）篮球普修课技术的考评方法。

①三点定点投篮。

以篮板投影点作为圆心，将投影点到罚球线距离作为半径，在这个范围内进行三点投篮。

注意：在考核的时候，一般每个点都有3~5次的投篮机会，一般来说，最后一次应该在中间结束，然后根据投篮的命中率进行技术评价。

在实践过程当中，因为男、女学生或者运动员的素质不同，所以男生一般采取跳投方式进行投篮，女生一般用原地投篮方式进行考核。

②半场往返运球投篮。

在具体考核的时候，被考核者应该从篮球中线偏右的地方开始，然后根据自身习惯，用左手或者右手将球运到第1个立柱前面然后换手，变向运球，随之投篮。抢夺篮板球的时候，应该按照个人习惯用左手或者右手将篮球运到中线偏左的位置，直到第3根立柱线后，换手进行变向运球，在下一个立柱之前再次换手变向运球，之后进行投篮运动。

抢篮板球后、再用左手做直线运球回原处，如此再重复一次。计行进间运动员投篮的命中次数并给出评价。

在4次运球上篮中，运动员必须采取规定的左右手动作，应该用左手时用左手，应该用右手时用右手，否则此次不计分。

出现投篮不中，不补篮继续进行，运球失误从失误处继续开始。

③双手胸前传接球。

两个球员相互进行传球，两者站的位置相距4~5米，然后依次进行5~6次的传球和接球，然后上篮，进行投球。

当出现掉球或带球走等违规情况时，每次都在技术评价分中扣除0.5分。

④持球突破技术。

运动员分别在两个立柱前做持球突破投篮动作。第1个立柱前，做顺步持球突破右手投篮；第2个立柱前，做交叉步持球突破左手投篮。然后再重复一次。

在4次持球突破技术动作中，进行两次高手投篮和两次低手投篮，否则该次不计分。考生如果出现中枢脚离地过早，造成带球跑违例，记录好违例次数，每次违例都在技术评价分中扣除0.5分。

（2）高校篮球专修技术的考评方法。

①训练中期的考核内容、方法与评价标准。

首先，五点投篮。以篮圈投影点为圆心进行五点投篮练习。在练习过程当中，应该根据男女之间不同情况，采用不同的距离进行投篮；在考试时，其他队员抢篮板球传给投篮者，运动员投篮方式不限，但接球后必须在5秒钟以内出手。

其次，半场往返运球投篮。考试从球场右侧中线处开始，运动员踏出中线开始计时，须用右手运球到第1个立柱前做体前运球，在到达第2个立柱前要用左手运球转身，然后换成右手运球上篮。

抢篮板后要用右手运球到中线，在第 3 个立柱前用左手进行体前运球，当进行第 4 个立柱前要用左手进行运球转身，再做行进间左手低手上篮，抢篮板球后再用左手直线运球至中线，依此类推，回到原地。

运动员严格按照运球时的标准，不可以随意更换手运球，若出现上篮不中要迅速补篮，直到投中为止。不得出现带球跑违例，每违规一次即在评价分中扣除 0.5 分。

再次，持球突破技术。队员必须分别在 4 个立柱前做不同形式的持球突破上篮技术动作。

在第 1 个立柱前，做同侧步持球突破右手投篮；在第 2 个立柱前，做交叉步持球突破左手投篮；在第 3 个立柱前，要进行交叉步握球；当进行到第 4 个立柱前，要进行交叉步握球突破然后投篮。

当出现中枢脚离地过早则会造成带球跑的违规操作，若出现须记录违规的次数，每次违规都在评价分中扣除 0.5 分。

最后，行进间传接球上篮。

考试人员以两个人为一队，先是一个人先做一次自抛自抢的过程，然后跳起空中接球随后落地转身传给身边的队员，做快速行进间传接球上篮，然后从另一侧返回。

两人各有一次投篮机会，投篮不中时迅速补篮，投中篮停表，记录成绩高的分数。

行进间传接球出现违规时，每次违规都在评价中扣 0.5 分。

②训练后期考核内容、方法与评价标准。

篮球技战术训练后期的考核方法和中期考核方法类似，但在技术动作的要求和难度上都有较大提高，技术动作方法也有所不一，一般用阶段和最终考核相结合的方法。

首先，投篮。运动员在两分区跳投 40 秒钟，女运动员可以原地投篮，然后迅速移至三分线外投篮 50 秒钟，连续投篮 1 分 30 秒，自投自抢篮板球，分别计两分和三分投中次数，并给出教学训练技术评价成绩。

投篮时不准踩线，不可以带球跑违规，每违规一次在技术评价分中扣 0.5 分。

其次，半场往返运球投篮。一般来说，在进行半场往返运球投篮的时候，应该从球场中线偏右的位置开始运球，到达第 1 个立柱之后进行背后运球，到达第 2 个立柱后换手运球，随后用习惯手进行投篮。投篮之后，进行抢篮板球运动。

抢到篮板球之后，用习惯手将篮球运到中线，达到第 3 个立柱之后，换手进行胯下运球，在到达第 4 个立柱之后，用习惯手进行运球转身练习，随后用非习惯手进行投篮，抢篮板后要用左手运球到中线，然后依此类推，回到起点。在运球过程中，如果运动员投篮失败可以再次进行投篮，但是注意绝对不能带球走步。

再次，持球突破技术。运动员在 4 个柱子前做不同的动作，先做交叉步持球突破左手低手投篮；再做交叉步持球突破并步低手投篮；然后做顺步持球突破右手反手投篮、最后做交叉步持球突破并步投篮。

最后，防守无球与持球队员。进攻队员相互传接，防守队员根据防无球和防持球的要求（近球区、远球区的选位，以及防守的距离、位置、步法等）做动作，最后防突破上篮。选位必须与进攻队员的传球相适应，球员随球调整自己的距离和位置。

参 考 文 献

［1］梁世斌．高校篮球课程教学现状与优化策略［J］．体育风尚，2020：110－111．

［2］李宗烈，侯安琪，刘维韬．我国高校篮球课教学发展现状及其优化对策研究［J］．当代体育科技，2020：68－69．

［3］郭志勇．关于体育课堂篮球技术的教学方法研究［J］．当代体育科技，2020：120－121．

［4］苏笑朋，穆培云，王鹏．高校篮球教学及训练新方法分析［J］．当代体育科技，2020：72．

［5］张军民．基于新形势的高校篮球教学改革的思路探索［J］．文体用品与科技，2020：112－113．

［6］张成龙，刘雷．高校篮球教学与训练中学生战术意识的培养研究［J］．体育风尚，2020：41．

［7］全国体育院校教材委员会审定．篮球运动教程［M］．北京：人民体育出版社，2001．

［8］王贺立，等．篮球实用教程［M］．武汉：湖北人民出版社，2006．

［9］史国生，邹国忠，体育竞赛组织与管理［M］．南京：南京师范大学出版社，2008．

［10］冯岩．篮球裁判入门［M］．武汉：中国地质大学出版社，2004．

［11］中国篮球协会审定．篮球规则［M］．北京：光明日报出版社，2010．

［12］张良祥．篮球游戏大全［M］．北京：北京体育大学出版社，2004．

［13］孙民治，等．篮球运动高级教程［M］．北京：人民体育出版社，2000．

［14］胡亦海．竞技运动训练理论与方法［M］．武汉：湖北人民出版社，2000．

［15］王敬红，王镤．关于对高校篮球训练创新模式的研究［J］．智库时代，2020：265－266．

［16］崔立．高校篮球教学中大学生投篮技术问题分析［J］．福建茶叶，2020：300．

［17］杨明．高校篮球教学中学生体能训练的重要性研究［J］．当代体育科技，2020：173－174．

［18］高翔．浅谈高校篮球战术意识的培养［J］．文体用品与科技，2020：25－26．

［19］孙民治．中国体育教师岗位培训［M］．北京：人民体育出版社，2001．

［20］全国体育院校教材委员会．篮球运动高级教程［M］．北京：人民体育出版社，2000．

［21］杨铁黎．职业篮球市场论［M］．北京：北京体育大学出版社，2003．

［22］毕仲春．篮球［M］．北京：北京体育大学出版社，2016．

［23］冯俊祥．高校篮球运动教学训练管理研究［M］．北京：中国书籍出版社，2013．

［24］刘玉林．现代篮球运动研究［M］．北京：人民体育出版社，2006．

［25］刘青松．高校篮球运动教程［M］．北京：中国水利水电出版社，2015．

［26］唐建倦．现代篮球运动教程［M］．广州：华南理工大学出版社，2014．

［27］黄德星．篮球训练执教方略［M］．昆明：云南大学出版社，2014．

［28］殷晓辉．篮球运动欣赏［M］．桂林：广西师范大学出版社，2014．

［29］李承维．篮球运动教学与训练［M］．武汉：华中科技大学出版社，2012．

［30］魏磊．篮球课堂［M］．上海：上海大学出版社，2014．

［31］王峰．现代篮球运动的理论研究［M］．北京：人民日报出版

社，2014.

　　［32］朱国权．篮球［M］．北京：北京师范大学出版社，2007.

　　［33］周建林．球类运动体育教程［M］．南京：南京师范大学出版社，2005.

　　［34］苗亚果．基于篮球竞赛改革下高校篮球运动员的培养［J］．文体用品与科技，2020：52－53.

　　［35］杨川．对新时期高校篮球培训改革的理性思考［J］．智库时代，2020：216－217.

　　［36］张宇．篮球文化对我国高校体育教育的影响分析［J］．文体用品与科技，2020：114－115.

　　［37］王鹏．高校篮球学习中运动战术意识的培养途径分析［J］．文体用品与科技，2020：218－219.

后　　记

　　不知不觉间，本书几经修改，终于面世，不由感慨万千。本书是作者在研究当代高校篮球教学的过程中，投入大量精力进行实际调研后的作品，倾注了作者的全部心血。想到本书的出版能够为当代高校篮球教学理论以及实践方法提供一定的帮助，作者颇感欣慰。同时，本书在创作过程中得到社会各界的广泛支持，在此表示感激！

　　在本书的写作过程中，得到了许多学者和专家的帮助，在此对各位学者和专家表达最诚挚的感激之情。